Kamel DRICI

L'amitié chez saint Augustin

Kamel DRICI

L'amitié chez saint Augustin

L’unité, la fraternité et la divinité.

Éditions Muse

Cover image: Fourni par l'auteur

Publisher:
Éditions Muse
is a trademark of
Dodo Books Indian Ocean Ltd. and OmniScriptum S.R.L publishing group

120 High Road, East Finchley, London, N2 9ED, United Kingdom
Str. Armeneasca 28/1, office 1, Chisinau MD-2012, Republic of Moldova, Europe
Printed at: see last page
ISBN: 978-620-4-96319-8

DRICI Kamel

L'amitié chez saint Augustin

L'unité, la fraternité et la divinité.

DRICI Kamel

L'amitié chez saint Augustin

Du même auteur

1. Dialogue islamo-chrétien, *La Kalâa des Béni Hammad*, Éd. L'Odyssée, 2008 (Algérie).

2. Marguerite-Taos Amrouche, *L'œuvre de la moisson de l'exil*, Éd. La Pensée, 2013 (Algérie).

3. Marguerite-Taos Amrouche, *Pensée*, Éd. Edilivre, Paris, 2014 (France).

4. Marguerite-Taos Amrouche, réédition améliorée à compte d'auteur, mai 2016 (Algérie).

5. Le dialogue des croyants, Saint François d'Assise et Al-Kamil d'Égypte, 5ème croisade (1217-1221), Éd. La Pensée, 2019 (Algérie).

6. Le dîner au crapaud, Éd. Muse, 2021, Moldavie.

7. La circonspection kabyle dans la littérature orale de Yemma Dehvia, Éd. Les Éditions du Net, 2022, Saint Ouen (France).

PRÉFACE

Nombre de publications ont pour objet, ces temps-ci, à l'amitié. Sur notre planète, quelque peu bousculée, telle une barque sur une mer déchaînée, l'amitié apparaît comme un bien précieux pour ses habitants désorientés. L'originalité de la méditation de notre frère Kamel DRICI est triple. Tout d'abord, il s'implique personnellement dans sa réflexion : elle est comme une lumière vitale pour affronter les écueils de l'existence. Ensuite, il nous fait découvrir que d'autres traditions, qui ont imprégné son enfance et sa jeunesse, la culture kabyle et l'Islam, ont consacré proverbes et sourates à ce cadeau qu'est l'amitié. Enfin - et c'est l'essentiel de sa méditation – relisant les Confessions, Kamel nous fait découvrir combien l'amitié a été essentielle dans la vie de St Augustin. À travers son autobiographie - démarche alors toute nouvelle à son époque - ce Père de l'Église, lui aussi, s'implique directement en décrivant l'évolution de son amitié avec son frère dans la foi, Alypius. La méditation de Kamel DRICI nous pose donc la question : l'amitié ne serait-elle pas, aujourd'hui, la clé, pour « convertir » toute la richesse de nos différences culturelles ou religieuses, non pas en agressivité, mais en convivialité, comme nous y convie saint Augustin ?

Lyon, le 27 août 2018

Gérard de Bélair

INTRODUCTION

Augustin (Uɣcten[1]), le philosophe numide a bouleversée la pensée humaine y compris la mienne. Depuis 16 siècles, Augustin ne cesse d'alimenter les recherches, les discussions, les thèses et des conclusions en vue de changement intelligent de la pensée humaine. Il est presque le seul Savant des temps lointains qui vit et cohabite avec tout le monde à travers les siècles. Son intelligence et sa pensée en sont la raison. Il est constamment étudié, sollicité et considéré comme responsable de telle ou telle situation en dépit du temps écoulé depuis le 28 août 430.

J'admire notre illustre saint Augustin depuis l'âge de 16 ans alors que je ne comprenais rien de lui encore moins de sa philosophie. Ma rencontre avec saint Augustin est mystérieuse. Je l'ai connu dans le feu. Un vendredi, jour du marché hebdomadaire, mon père étant émigré en France depuis 1969, ma mère, comme à l'accoutumé, m'avait chargé de faire les emplettes hebdomadaires au souk, marché exclusivement réservé aux hommes. En passant par la cité des fonctionnaires, pas loin de l'actuel siège de la radio Djurdjura, je voyais sur la rive droite dans la propriété de la préfecture, un tas de papiers et de documents incendiés. Un vieux livre au papier jauni qui avait juste commencé à prendre feu, avait

[1] Phonétiquement : Oughchten.

attiré mon attention. Je l'avais pris rapidement et j'éteignis le feu qui le prenait. C'était une sorte d'encyclopédie qui n'avait que quelques pages. À une page de ce document, j'ai lu au-dessous d'une image en noir et blanc d'un vieil homme assis, jambes écartées : saint Augustin, évêque d'Hippone, Annaba en Algérie…. J'avais appris par cœur ce petit paragraphe sans le comprendre. Je ne savais pas pourquoi j'ai été très attaché à ce personnage plus que les autres que présentait l'ouvrage en question. Notre union avait commencé là et en ce vendredi de la fin du mois de mars ou du début du mois d'avril en plein printemps. Lorsque j'ai grandi, j'ai appris que ces moments s'appelaient chez les chrétiens, la semaine sainte suivie par le temps de la Pâques.

Plus tard, j'ai découvert que le feu fait partie de ce qui symbolise saint Augustin : un cœur qui prend feu, flamboyant à l'image de nos deux personnalités, descendantes de Chachnaq. Tous deux, nous avons du piment dans le sang. Le piment attire, séduit et charme en dépit de la sensation du feu qu'il procure à la bouche qui le reçoit avec choix et plaisir.

Les gens cherchent la paix mais ils ne la trouvent pas car leurs cœurs sont égoïstes et hypocrites. Ils s'efforcent de montrer des visages qu'ils n'ont pas réellement. Ils brûlent de cette dualité qu'ils se sont imposé ou qu'on leur a imposée. Cependant, le feu du caractère de saint Augustin ne fait pas que brûler. Notre feu brûle comme celui du fourneau pour nourrir les esprits. Aussi, illumine-t-il par sa vive lumière. Il chauffe et il réchauffe les personnes marquées par la peur. Si le feu réchauffe les cœurs, ceux-ci s'humanisent et s'apitoient sur le prochain. Un cœur chaud est toujours vivant, répand l'amour et ravive l'âme et nourrit le souffle de vie, le sacré, l'apanage de Dieu. Un cœur qui aime ne vieillit jamais. Il est grand et spacieux. Il est tout le temps bien irrigué par la source intarissable qui est la douceur et la tendresse. Ce cœur a de la place pour d'innombrables âmes charitables. Ce cœur, connait bien ce que c'est l'amitié. Je dis bien l'amitié avec une diversité d'amours excepté l'amour charnel qui n'est pas l'objet de ce texte.

Chez Augustin l'adulte, la personne mûre, le penseur, tout était religieux et foncièrement christocentrique : sa philosophie, sa littérature, son historicité, ses combats et son humanisme… Il avait le pouvoir surnaturel de diviniser les choses. De l'amitié, Augustin a creusé sa dimension humaine jusqu'à sa source spirituelle (il l'a sacralisée). Augustin, le grand admirateur de l'homme savait plus que quiconque réserver à cet homme les lettres de noblesse que Dieu lui a accordée. L'homme, être aussi faible soit-il, qu'un insecte peut tuer, Dieu l'a choisi et a mis en lui l'intelligence pour servir Dieu et l'univers. Si le cœur symbolise le foyer unique de l'amour, tous les êtres humains le possèdent à la même place. Nous pouvons alors nous demander pourquoi certains d'entre nous l'ont détourné de sa fonction naturelle ? Qui peut-on accuser de ce lourd détournement qui a rongé l'humanité ?

Problématique

Depuis l'avènement du christianisme et l'arrivée de l'islam, le judaïsme qui est le socle des religions dites monothéistes a connu des religions concurrentes. La coexistence a toujours été mal vécue. Elle a même endeuillé les peuples. Des frères, issus d'un même père et d'une même mère biologiques se renient, se rejettent et s'entretuent quelquefois. Les religions ont versé du goudron dans les veines des croyants. Qui était et qui est toujours responsable de ces haines envers l'autre ? Qui a diabolisé l'altérité ? Souvent, nous pensons aux religions et nous les accusons d'être le nerf de tous les maux sociaux. Mais que voulons-nous accuser dans les religions : **les Écritures** ou les **Religieux** ?

Les Religieux, depuis des siècles, par des conciles prônaient la paix. Mais ont-ils vraiment échoué dans leurs démarches, puisque les guerres de religions existent toujours ; elles sont assez souvent menées par les mêmes ? Si les Ecritures et les Religieux n'ont fait qu'envenimer les cœurs des croyants, pourrions-nous trouver des solutions en favorisant le **rapport consanguin** pour les familles déchirées par la diversité religieuse et tout ce qu'elle entraine comme oppression… par la partie puissante dominante ? Quant à la diversité en société, pourrions-nous trouver des solutions en pensant à la contribution des **Religieux Savants** comme saint Jean Chrysostome ou saint Augustin ?

Pour y arriver, de fil en aiguille, depuis 30 ans, je n'ai cessé de rôder et de rôder d'un terroir à un autre et d'une âme à une autre en quête de solutions pour vivre l'unité dans la diversité. Mais, à travers l'histoire, qui avait ce charisme de partage de paix sans mesure ? Qui mettait en avant la raison en ayant la force et le courage de canaliser ses pulsations internes qui ne se penchent que vers les bien-aimés dans la religion, symbole de l'unité populaire ?

Après avoir épuisé mon intelligence qui semait la paix chez les uns et les autres, j'ai longtemps cherché dans les annales de l'histoire de l'humanité l'ombre de la paix chez des érudits et illustres penseurs sans trop attacher de l'importance au temps et à la race.

Après avoir commencé à lire les études faites sur saint Augustin durant les années 90 et après m'avoir initié aux œuvres de saint Augustin pleurant la mort de son ami, j'ai découvert, en 1998 dans les *Confessions*, le livre IV consacré à l'amitié chez saint Augustin, des larmes qui m'ont bouleversé. Avec ce livre, j'avais l'impression que c'était la terre toute entière qui pleurait l'ami perdu de saint Augustin. Je me suis immédiatement dit : c'est là que je dois fouiller pour trouver la paix pour tous que j'ai tant recherchée. Là où il y a l'amitié, il y a la paix.

Depuis, je ne cessais de chercher où trouver l'amitié entre les chrétiens et les musulmans. De fait, durant la longue histoire islamo-chrétienne, nombre d'opérations de séduction par intérêts, de tentatives de rapprochements, d'échanges de lettres, de messages, de cadeaux,… ont été retenues par les précurseurs du dialogue. Cependant, les cœurs orgueilleux des uns et des autres ne se sont jamais aimés pour engendrer l'amitié au vrai sens du terme. L'amitié est le fondement de la tolérance, du respect de l'autre et du dialogue loyal des croyants. Qu'en est-il dans les **textes sacrés** chrétiens et musulmans que j'ai lus, des **Religieux et Religieux-Savants** que j'ai connu à travers mes lectures des ouvrages appartenant à différentes époques et religions, des croyants que j'ai côtoyés ? Y a-t-il eu des dialogues de croyants entres les différentes branches qui cohabitaient les mêmes cités ? Quel est l'enseignement tiré du Livre IV des *Confessions* de saint Augustin ?

À partir de la méthode proposée, il a fallu d'abord interroger les Écritures et prendre ce que j'ai toujours appelé les briques communes nécessaires pour bâtir la paix entre les communautés qui polémiquent entre elles. Dans ce cas les versets, trop mis en avant par les négativistes, n'ont point d'intérêt pour cette méditation.

Par la suite, comme les Écritures sont souvent considérées comme un bien des Religieux, j'ai cherché, dans l'histoire du dialogue entre les Religieux chrétiens et musulmans, dans le but de proposer les meilleures pistes de dialogue à promouvoir.

Vient maintenant la contribution des Religieux-Savants, mais pour des raisons de choix du thème, j'ai sollicité saint Augustin afin de m'éclairer grâce au Livre IV de ses *Confessions*.

Enfin, le rapport consanguin entre les membres de la même famille, lui aussi, si on le met en avant avec plus d'explication et de sensibilisation peut contribuer à la reconnaissance des uns par les autre pour cohabiter religieusement en paix dans un respect mutuel. L'ignorance a généralement alimenté les querelles confessionnelles.

Par ailleurs, si j'ai adopté ce point de vue de méditation c'est en raison du fait que j'ai abordé saint Augustin en m'impliquant personnellement dans la rédaction de ce texte.

LE DIALOGUE DES CROYANTS DANS LES ÉCRITURES

Parlant des Écritures, je ne me suis pas tracé le but de passer au crible toutes les écritures saintes des trois religions monothéistes et y chercher les versets qui prônent la paix ou le dialogue des croyants qui s'appuie sur l'amitié. Ce n'est pas là mon centre d'intérêt. Je voudrais être plus pratique et efficace uniquement au regard des deux communautés frères de chez moi : la communauté chrétienne et musulmane. Cela ne veut pas dire l'exclusion des autres croyances ou des athées qui, comme les chrétiens et musulmans méritent de vivre dignement et de mourir de la même en respectant leur choix lorsqu'ils étaient vivants. Je parle aussi de leurs morts car, souvent, on considère le mort comme tronc de bois mort qui n'a pas eu un vécu déterminé : chrétien ou musulman ; croyant ou non croyant... Combien de non-musulmans, ne sont-ils pas enterrés dans les cimetières musulmans avec des rituels étranges ?

Ces communautés étant imposantes en Afrique du Nord, que ce soit par le nombre ou par d'autres importances : historiques, intellectuelles,... inclinent à la réflexion. Leur vivre-ensemble douloureux à travers les siècles incline à la méditation. Donc, je suis allé droit au but. J'ai tenté de prélever des deux livres saints : la Bible et le Coran[2], ce que j'appelle les briques communes. Je les appelle ainsi, car ce sont les briques qui symbolisent : la construction, la solidité et la durabilité. Voilà ce sur quoi mes petites recherches se penchent.

D'emblée, je me suis fixé la mission de relever quelques versets bibliques qui enseignent la paix par le respect de l'autre ou par l'amitié. L'inquisition et l'imposition sont naturellement écartées, bien que, personnellement, je reconnais leur lourde tare sur la haine qui oppose les uns aux autres. Certains versets de l'un ou de l'autre mal acceptés par l'autre ou même considéré à tort ou à raison comme violent ou outrageant ne seront pas relevés pour illustrer mon texte. Derrière chacune de ces religions nous pouvons compter environ un milliard de fidèles. Pourquoi les attrister ou déclencher leurs colères alors que le but de ce texte est de trouver un moyen pour tisser l'amitié entre les rivalités. Pour ce faire, nous commencerons par le butinage des Écritures en respectant l'ordre chronologique de révélation et d'existence. Mais, qu'allons-nous chercher exactement ?

Le but primordial est la recherche de la paix pour tous. Des éléments nécessaires pour garantir cette paix dont les peuples ont soif, partout et à travers les siècles écoulés, notons, l'amitié. L'amitié renferme en elle tous les ingrédients les plus importants pour bâtir un monde sans guerre. Là où il y a l'amitié, il y

[2] Objet de la publication prochaine.

a l'amour, le respect, le pardon et la justice. Qu'avons-nous relevé dans ce sens des deux Livres sacrés et de tous les livres sapientaux ?

LA BIBLE

La bible est un livre immense. C'est une bibliothèque. Si nous sommes assidus à la lecture, nous finirons de la lire à la veille du dernier souffle pour ceux qui ont la chance de vivre longtemps. Nous la comprendrons bien dans l'au-delà quand nous nous dresserons devant le Tout-Puissant, tout-nu avec nos bonnes actions. Nous serons des nouveau-nés dans un monde nouveau et éternel. Du monde d'ici-bas, nous prendrons comme habit le dernier costume sans couture et qui n'a pas de poches. Seigneur, accorde-nous l'esprit de foi. Donc, c'est en lisant la Bible par sursaut en choisissant les versets nécessaires que nous retenons des passages contribuables en matière de paix pour tous.

LA PAIX

Il nous arrive souvent d'entendre les gens dire : un pays de droit. Les gens, quel que soit leur niveau intellectuel ou d'analyse sont conscients que le noyau de la paix repose sur la justice. Lorsque la justice pratiquée tire ses lois de la raison et de la démocratie populaire, mais non du gré personnel, l'équité entre les citoyens devient un acquis constant qui leur assure la sécurité. Il n'y a pas plus redoutable dans la société que le ressentiment du règne de l'insécurité où pullule l'ignorance. C'est ainsi que l'Ancien Testament lie directement la paix à la justice : « *L'œuvre de la justice sera la paix, Et le fruit de la justice le repos et la sécurité pour toujours.*[3] »

La justice dans le sens que nous connaissons aujourd'hui, est un ensemble de lois qui s'appliquent à tous les citoyens sans aucune distinction et dans la même mesure. Tous les cas de figures sont prévus par la loi. Si les gens aiment et cherchent à vivre dans un état de droit c'est parce qu'ils désirent une justice. Celui qui désire la justice est appelé à aimer ses lois. Plus loin dans l'Ancien Testament, un Psaume explique comment faire pour atteindre la paix : « *Il y a beaucoup de paix pour ceux qui aiment ta loi, et il ne leur arrive aucun malheur.*[4] »

Pour un chrétien croyant, la Bible a livré le secret de la paix qui est simplement la justice : « *Le juste montre la voie à son ami, le chemin des méchants les égare.*[5] » La justice étant un ensemble de lois, donc il incombe à l'être humain de l'appliquer, au croyant chrétien de l'élaborer. L'intelligence humaine élabore ces lois en fonction de son milieu social. C'est ce dernier qui fait que les lois diffèrent d'un pays à un autre. Cependant, l'ensemble des pays fondent, comme pour un pays, un milieu social d'ordre mondial. Les législateurs, en tenant compte des divergences des différents pays qui composent cet ordre mondial, conçoivent des lois pouvant garantir l'équité à ces peuples appelés aux devoirs et

---

[3] Ésaïe 32 : 17.

[4] Psaumes 119 : 165.

[5] Proverbes 12, 26.

aux droits internationaux. Les pactes internationaux sur les droits de l'homme sont ratifiés par tous les pays membres pour les appliquer rigoureusement. Ce sont ces pactes ratifiés que nous voulons voir respectés partout sans tenir compte de la question du nombre de croyants de telle ou telle religion.

Les minorités doivent vivre les mêmes droits que les majorités puisque les devoirs ne sont jamais répartis par minorités ou par majorité. Nous devrons savoir que si nous sommes religieusement minoritaires dans un pays, nous sommes majoritaires dans un autre (Exode 20,10, Coran 8,6). Donc, appuyons-nous sur les lois républicaines démocratiques pour garantir cette paix que l'Ancien Testament lie directement à la justice. Les pactes internationaux signés par tous les pays membres devront faire de ces différentes parties du monde des pays amis pour évoluer dans un respect mutuel. Laissant encore une autre fois la parole à la Bible pour nous fournir ses recommandations sur l'amitié.

La Bible, qui était le souffle de vie de saint Augustin, accorde une grande importance à l'amitié. Nous n'allons pas reprendre tous les passages relatifs à l'amitié, mais quelques-uns suffisent pour montrer la place qu'occupe l'amitié dans la Bible. L'un des plus illustres exemples est celui de David et du prince Jonathan. À la mort du fils de Saül, le futur roi d'Israël s'écrit : « *J'ai le cœur serré à cause de toi, mon frère Jonathan. Tu étais plein d'affection pour moi, et ton amitié pour moi était merveille plus grande que l'amour des femmes !*[6] » De tous les temps, l'homme est généralement faible devant les plaisirs charnels qui endorment la conscience et même la foi parfois. Augustin même connut bien le plaisir des « chaudières » de Carthage avant son retour à la foi et à la religion de sa mère Monique. Donc, l'amour des femmes est à placer en avant puisque les sensations flamboyantes qu'il procure sont des points névralgiques. Certains, ignorent la volonté de Dieu, d'autres, même s'ils sont bien instruits que l'adultère est condamnée par la Parole, cèdent à l'éphémère : « *Adultères que vous êtes ! Ne savez-vous pas que l'amour pour le monde rend ennemi de Dieu ? Donc celui qui veut être ami du monde se pose en ennemi de Dieu.*[7] »

---

[6] II Samuel 1, 26.
[7] Jacques 4, 4.

Il est à remarquer une chose très émouvante dans l'amitié de David, elle est plus grande que l'amour des femmes. Cela nous rappelle immédiatement les larmes de saint Augustin à la mort de son ami. Les expressions célestes s'amplifient chez Jonathan qui ressent la même valeur de l'amour qu'il attend des autres et aima tout de suite David comme lui-même : « *Or dès que David eut fini de parler à Saül, Jonathan s'attacha de toute son âme à David et il l'aima comme lui-même.*[8] » Il faut donc aimer comme soi-même pour être aimé et vivre ensemble en harmonie. Donne à l'autre la grandeur que tu désires recevoir de lui. Celui à qui le Seigneur accorde ce genre d'ami a par avance trouvé un trésor inestimable et inépuisable.

Dans ce genre d'amitié, il est impossible de ne pas mettre en pratique le précepte commun entre l'Évangile et le Coran : « *Tu aimeras ton prochain comme toi-même.*» Faisant un pont directement de l'Ancien Testament à l'Évangile, voyons comment Jésus en personne élève l'amitié au sommet de valeur humaine.

Concernant l'amitié dans la vie de Jésus dans la Bible, nous relevons le point culminant de sa signification qui est une relation directement salvatrice. Lorsque Lazare, le frère de Marthe et Marie de Béthanie décède, le Christ en allant le ressusciter dit à ses disciples : « *Lazare, notre ami,*

---

[8] I Samuel 18, 1.

s'est endormi ; mais je vais aller le tirer de ce sommeil.[9] »

Aussi, Jésus avait bien voulu que les chrétiens soient ses collaborateurs mais pas ses serviteurs. Ce désir divin de Jésus a fait que ses disciples soient ses amis : « *Il n'y a pas de plus grand amour que de donner sa vie pour ceux qu'on aime. Vous êtes mes amis si vous faites ce que je vous commande. Je ne vous appelle plus serviteurs, car le serviteur ne sait pas ce que fait son maître ; je vous appelle mes amis, car tout ce que j'ai entendu de mon Père, je vous l'ai fait connaître.*[10] » Ce fort respect aux subordonnés par lequel Jésus les élève à son niveau par l'amitié est un acte de foi. La foi est donc par nature héroïque et elle se transforme en la pensée dominante que véhicule le respect de l'autre surtout des subordonnés ou des minorités. C'est cela le vrai amour sans mesure de l'autre qui est minoritaire ou qui est appelé à être serviteur : « *Celui qui aime est né de Dieu et connait Dieu.*[11] »

Dans le sens contraire, le rejet ou la haine n'engendre que dévastation : « *Un pervers sème la discorde, le calomniateur divise les amis.*[12] » Pis encore, certains de nos contemporains, considèrent l'hypocrisie et la tromperie comme intelligence car, à leurs yeux, ceux qui disent la vérité lorsqu'elle est amère sont insignifiants. Voilà ce que dit la Bible

---

[9] Jean 11, 11.
[10] Jean 15, 13-15
[11] Jean 14, 1.
[12] Proverbes 16, 28.

des tromperies : *« Ne vous y trompez pas : Les mauvaises compagnies corrompent les bonnes mœurs.*[13] »

Cependant, celui qui a un ami ne craint jamais les situations dramatiques. La charge, lorsqu'elle est partagée, devient légère car l'ami est là pour prêter ses forces et ses pouvoirs : *« Il y a des relations qui tournent mal, mais il y a l'ami plus attaché qu'un frère.*[14] » Pour cela, la Bible recommande au croyant de ne jamais abandonner l'ami : *« Baumes et parfums mettent le cœur en joie : la douceur de l'ami l'emporte sur les rêves. Ne laisse pas tomber ton ami, ni l'ami de ton père ; ne va pas chez ton frère le jour où tu es ruiné : mieux vaut proche voisin que frère lointain !*[15] » Nous achevons notre ensemble de citations bibliques par : l'union fait la force. Si une concurrence se fait sentir chez les uns ou chez les autres qu'elle ait le respect comme objet de concours : *« Soyez unis les uns aux autres par l'affection fraternelle, rivalisez de respect les uns pour les autres.*[16] »

Enfin, nous venons de voir que l'amitié dans la Bible s'est clairement développée sous deux formes distinctes : l'une concerne la verticale et l'autre l'horizontale. Au premier plan, elle parle de l'amitié de Dieu avec l'homme et de l'homme avec Dieu, et au second, elle concerne la relation particulière

---

[13] I Corinthiens 15, 33.
[14] Proverbes 18, 24.
[15] Proverbes 27, 9-10.
[16] Romains 12, 10.

qu'une personne entretient avec une autre de ses congénères. L'amitié de Dieu avec l'homme est à exclure de la problématique car Dieu est juste ; il est amour. Dieu aime tout ce qu'Il a créée par contre l'amitié de l'homme avec Dieu et celle de l'homme avec son congénère est d'emblée importante pour cette humble méditation. *« L'ami aime en toute circonstance, et dans le malheur il se montre un frère.*[17] »

La relation de l'homme avec Dieu devrait être personnelle. Elle relève exclusivement du « jardin secret » de chacun, puisque Dieu n'a délégué aucun de nous à juger les êtres humains. Ainsi, certains croyants, pour satisfaire Dieu, causent du tort à l'autre en raison de leur ignorance et de leur barbarie jusqu'à le torturer ou le tuer. Cette terrible relation, que Dieu et les hommes de paix condamnent, devient dès lors un sujet de controverse et de condamnation, puisqu'elle n'est plus une relation personnelle entre le croyant et son Dieu. Elle touche et tue la liberté de l'autre au moment où le criminel jouit d'une liberté non prévue dans le langage commun. *«Dieu désire que tous les hommes soient sauvés.*[18]*»* L'obéissance à Dieu est l'unique fondement de la foi par la Parole. C'est elle la clé de la théologie de l'amour et de l'amitié.

Si l'amitié se construit sur plusieurs bases, les règles de l'amour sont au nombre de deux et bien claires. Le cœur ne sait pas aimer à moitié ou au

[17] Proverbes 17.17.
[18] 1 Timothée 2.3-4.

quart,… c'est le tout ou rien. Arriver à donner sa vie pour celui ou celle qu'on aime, c'est le tout, donc c'est l'amour. Rappelons-nous ce verset : « *Voici mon commandement : aimez-vous les uns les autres, comme je vous ai aimés. Si quelqu'un donne sa vie pour ses amis, c'est la plus grande preuve d'amour. Vous êtes mes amis si vous faites ce que je vous commande. Je ne vous appelle plus serviteurs. En effet, le serviteur ne sait pas ce que son maître fait. Je vous appelle mes amis, parce que je vous ai fait connaître tout ce que j'ai entendu chez mon Père.*[19] » Nous ne pouvons pas clôturer ce chapitre consacré à la Bible sur l'amitié, sans illustrer nos différents comportements envers l'autre, de nos jours comme de tous les temps par ces comportements courants très connus de nous tous : « *Les reproches d'un ami montrent son affection, mais les signes d'amitié d'un ennemi sont trompeurs.* [20]»

Enfin, je vous recommande, comme je me le suis imposé, de voir en l'autre mon image ou ma propre personne. Quelque soient nos forces, nous sommes tous fragiles et pécheurs. Nous avons presque tous, en nous-même un côté désagréable que nous connaissons bien et nous le reconnaissons. Ceux qui sont conscients ont même mené un combat silencieux pour se transformer en des êtres idéaux. Mais, souvent, comme une seconde nature, les résultats des efforts de la bonne volonté

[19] Jean 15:12-15.

[20] Proverbes 27:6.

n'aboutissent à rien. L'enseignement que nous devrons tirer de ce que je viens de dire, qui de nous n'est pas arrivé à se supporter et accepter ses défauts ? Qui de nous s'est dénigré devant tout le monde et dévoilé ses péchés ou son côté indésirable ? Qui de nous s'est exclu ou s'est mis en quarantaine ? La réponse est claire : nous avons terminé dans le silence à nous accepter, à nous supporter, à nous respecter et à imposer qu'on nous respecte. Pourtant nous connaissons et reconnaissons nos faiblesses, nos fautes et nos défauts. Mon Dieu, faisons alors la même chose pour l'autre, puisque cela est possible. Ce que je viens de dire est le pire des cas, mais, sinon, la différence est une richesse à cultiver et à enchérir pour mieux évoluer. Donc rapprochons-nous de l'autre par l'amitié et vivons ensemble en paix.

Augustin, un homme à la recherche de la sagesse, tout le temps en dialogue, connu plusieurs controverses et conversions philosophiques et spirituelles dans sa vie. *La Cité de Dieu* est, avec *Les Confessions* les vitrines de sa sagesse où foi et raison dialoguent. Si le premier ouvrage est illuminé par sa célèbre citation : « *Deux amours ont bâti deux cités : celle de la terre par l'amour de soi jusqu'au mépris de Dieu, celle du ciel par l'amour de Dieu jusqu'au mépris de soi.* », le second qui nous intéresse en partie pour ce livre est un dialogue théologique avec soi-même et avec Dieu. Voici le contenu général du quatrième livre :

Le génie et le cœur d'Augustin[21]

— Chapitre I : Neuf années d'erreur.

— Chapitre II : Il enseigne la rhétorique

— Chapitre III : Sa passion pour l'astrologie.

— Chapitre IV : Mort d'un ami ; violence de sa douleur.

— Chapitre V : Pourquoi les larmes sont-elles douces aux affligés ?

— Chapitre VI : Violence de sa douleur.

[21] Trad. M. Moreau 1864, édition numérique réalisée par l'abbaye Saint Benoit de Port-Valais (Suisse), par Samizdat 2013, année du Seigneur, MMXIII, Québec, pp. 41-54.

— Chapitre VII : Il quitte Thagaste.

— Chapitre VIII : Sa douleur diminue avec le temps.

— Chapitre IX : L'amitié n'est vraie qu'en Dieu.

— Chapitre X : L'âme ne peut trouver son repos dans les créatures.

— Chapitre XI : Les créatures changent ; Dieu seul est immuable.

— Chapitre XII : Les âmes trouvent en Dieu le repos et l'immutabilité.

— Chapitre XIII : D'où procède l'amour, — livres qu'il avait écrits sur la beauté et la convenance.

— Chapitre XIV : Estime pour les absents : d'où vient- elle ? — Il avait dédié ces livres à l'orateur Hiérius.

— Chapitre XV : Son esprit obscurci par les images sensibles ne pouvait concevoir les substances spirituelles.

— Chapitre XVI : Génie d'Augustin.

QUELQUES REPÈRES BIOGRAPHIQUES DE LA VIE DE SAINT AUGUSTIN

- 354 : 13 novembre. Naissance à Thagaste (Algérie) d'Aurelius Augustinus.

- 365-369 : Après Thagaste, Augustin poursuit ses études à Madaure.

- 370-372 : Étudiant à Carthage, il vit avec une concubine qui lui donne un fils, Adéodat. Lecture de l'Hortensius de Cicéron. Lecture de la Bible et déception.

- 373 : Professeur à Thagaste, Augustin adhère au manichéisme.

- 374-383 : Professeur à Carthage. Rencontre décevante de l'évêque manichéen Faustus.

- 383-384 : Enseignant à Rome et à Milan. L'écoute de la prédication de l'évêque de Milan, Ambroise.

- 385 : Renvoi de sa concubine. La conversion au jardin de Milan.

- 386 : Lecture des livres des platoniciens, des épîtres de Paul. Août : scène du jardin de Milan. Novembre : retraite à Cassiciacum. Rédaction des Dialogues et des Soliloques.

- 387 : Baptême d'Augustin, d'Alypius et d'Adéodat la nuit de Pâques. Extase d'Ostie. Mort de Monique. Second séjour à Rome. Départ pour l'Afrique.

- 388-391 : Vie communautaire à Thagaste.

- 391 : Ordonné prêtre à Hippone (actuelle Annaba). Fonde le monastère du jardin.

- 395 : Évêque coadjuteur d'Hippone.

- 396 : Évêque titulaire d'Hippone.

- 397 : Début de la rédaction des Confessions. Participation aux conciles à Carthage.

- 399 : Fermeture des temples païens.

- 410 : Chute de Rome.

- 411 : Conférence de Carthage entre évêques catholiques et évêques donatistes.

- 413 : Début de la rédaction de La Cité de Dieu. Lutte contre Pélage.

- 416 : Concile à Milève contre les Pélagiens.

- 418 : Concile à Césarée (Cherchell) entre évêques catholique et évêques donatistes.

- 426 : Rédaction des Révisions (Rétractations).

- 429 : Les Vandales arrivent en Afrique.

- 430 : 28 août. Mort d'Augustin à Hippone assiégée par les Vandales.

INTRODUCTION À LA VIE ET L'ŒUVRE DE SAINT AUGUSTIN

Avant d'entrer dans le vif de la méditation par la pensée christocentrique de saint Augustin sur l'**amour, l'amitié et la croyance**, il est nécessaire de donner une brève introduction à sa vie pour comprendre les dimensions de son œuvre spirituelle principale : *Les Confessions,* un ouvrage de louanges de Dieu, tout particulièrement le Livre IV consacré à l'amitié, thème de ma méditation préférée. Plus on lit cet ouvrage plus on découvre des grandeurs et des hauteurs instructives inégalables. De la profondeur de l'âme, en parlant de son intérieur, Augustin le psychanalyste est Freud avant Freud.

Saint Augustin (Aurelius Augustinus) évêque d'Hippone, naquit le 13 novembre 354 à Thagaste (actuelle Souk-Ahras en Algérie). Il est connu comme philosophe et théologien chrétien. Il est en outre un écrivain numide talentueux d'expression latine de l'Antiquité tardive.

Saint Augustin est l'un des principaux Pères de l'Église romaine. Aux côtés d'Ambroise, Grégoire et Jérôme, il est l'un des 33 Docteurs de l'Église catholique le plus connu et imposant. Saint Augustin est considéré comme le personnage le plus important du Christianisme après saint Paul. Il est aussi le seul Père de l'Église dont les œuvres et la doctrine ont donné naissance à un système de pensée : l'Augustinisme. Son influence est grande sur l'histoire de l'Église catholique et de la pensée humaine médiévale et de nos jours. En effet, l'Augustinisme comme une prouesse renouvellera en profondeur la réflexion philosophique et théologique médiévale. L'Augustinisme est en outre l'essence de la Réforme protestante et du jansénisme (Luther et Jean Calvin). Luther était un membre de l'ordre de Saint-Augustin. Plusieurs années après le 31 octobre 1517, Luther se présentait comme un Augustinien. On le voit à des détails significatifs, comme les initiales portées sur ses écrits : MLA, ou DMLA, ou DMA. Ces initiales signifient : Martin Luther Augustiner, Doctor Martin Luther Augustiner, Doctor Martinus Augustiner. Luther se disait avec fierté qu'il était un Augustinien.

Tous les siècles ont été remplis de la présence de saint Augustin. Cela signifie que sa vie et ses œuvres contiennent toujours quelque chose de notre actualité. Du Vème siècle à nos jours il ne cesse d'accompagner la chrétienté et la pensée humaine. De nombreux auteurs occidentaux–sont influencés par la pensée de l'illustre saint Augustin : Dante, Pétrarque, Pascal, Fénelon, Rousseau, Chateaubriand…

Augustin étudia la littérature et la rhétorique à Madaure (M'Dawrouche) où il préférait plus les jeux aux études. À Carthage, il poursuit ces mêmes études au milieu de ce qu'il appelait « *la chaudière des amours* » où il lui fut très difficile de se retenir et d'être chaste. De son adolescence flamboyante,

Augustin écrivait : « *Je n'aimais pas encore mais j'aimais à aimer… je cherchais un objet à mon amour.* [22]» Il devint enseignant et vécut avec une femme qui lui donnera un enfant : Adéodat mort à l'âge de 16 ans.

Les jeux, les plaisirs abondants de son temps et sa situation sociale le laissèrent insatisfait. Il fut tout le temps tiraillé entre : l'amour de l'éphémère et l'amour de l'Eternel. Son inquiétude et sa quête incessante de la Vérité conduisent Augustin à chercher à donner un sens à sa vie. Il lit la Bible mais elle le déçoit. Puisque la vie de l'être humain est en constant développement, la lecture du livre *Hortensius* de Cicéron va éveiller en lui « *l'amour de la sagesse.* »

Il cherchait sans cesse la Vérité. Les déceptions lui donnaient plus d'énergie pour changer de camp de recherche. Après la déception de la Bible, il adhère au manichéisme, où il restera auditeur pendant 9 ans. Durant toute cette longue période il ramait intelligemment dans le brouillard spirituel. D'une fuite à une autre, sa mère le suivait en pleurant, de Thagaste à Carthage, à Rome mais, c'est à Milan qu'il fera la rencontre de l'évêque Ambroise qui va influencer sa recherche.

Monique y vient le rejoindre et entretient avec son fils en retraite à Cassiciacum (Cassisciaco) de longs entretiens spirituels. Elle implorait Ambroise de l'assister et de le conduire au baptême. À cette

---

[22] Confessions L. III, ch. 1.

époque, Augustin était doublement peiné par deux situations bouleversantes et douloureuses. Il se sépare des deux piliers de sa vie : sa concubine, la mère d'Adéodat et le manichéisme et prépare son baptême. Deux grandes déchirures lui sont arrivées en même temps.

Il s'adonna profondément à la lecture comme moyen salvateur. C'est ainsi qu'il découvre la philosophie néo-platonicienne : la vérité habite au dedans de l'homme. « *Revenez à votre cœur*[23] » Suite à ces manigances qui infectaient son intérieur à la recherche de la lumière, Augustin reprend la lecture de la Bible. Quelque chose allait tourbillonner dans son intimité et le conduire à une conviction irréversible. Il quitte l'enseignement pour se consacrer à la nouvelle conviction qui allait combler ses aspirations. La lecture des paroles de saint Paul est pour lui une lumière, il entend l'appel de Dieu et décide de tout quitter pour consacrer sa vie à Dieu. « *Vous avez frappé mon cœur de votre parole et je vous ai aimé.*[24] » Il devint un catholique fervent qui influencera la pensée humaine de tous les temps.

En 383, il part pour Rome, l'année suivante il part pour Milan, où il obtient une chaire de rhéteur. Il se convertit au christianisme sous l'influence de saint Ambroise, évêque de Milan et de Monique sa mère qu'il l'a suivi. Au cours de la nuit pascale de

---

[23] Conf. L. IV. 12.
[24] Conf. L. X, 7.

387, Ambroise baptisait Augustin, son fils et ses amis, dont Alypius.

Après la mort de sainte Monique à Ostie, enterrée à Rome, Augustin et ses compagnons décidèrent de rentrer définitivement à Thagaste, en Afrique en 388. Dans sa terre natale, Augustin concrétise son projet de vie monastique qu'il partageait avec ses amis. Il y fonde des monastères. Il compose sa Règle de vie communautaire et la partage avec son clergé.

À Hippone, il fut ordonné prêtre en 391, puis évêque d'Hippone en 395. Il meurt le 28 août 430 à Hippone assiégé par les Vandales. C'est à Hippone au soir de la vie qu'il écrit la *Cité de Dieu* pendant le siège de la ville par les Vandales. Le corps de saint Augustin fut inhumé dans sa chair épiscopale à Hippone. Après les grandes persécutions des membres du clergé par les Vandales, ses reliques furent transportées en Italie. Au VIIIème siècle, elles furent transportées par Luitprand, roi des Lombards, à Pavie au nord d'Italie. En 1900, l'évêque de Pavie, Monseigneur Riboldi, installe le reste des reliques de l'évêque d'Hippone dans son église de Saint-Pierre du Ciel-d'Or. Saint Augustin repose jusqu'à nos jours dans cette église de Pavie au nord de l'Italie sous la garde des Ermites de Saint Augustin[25].

---

[25] Cf. Kamel DRICI, *Guide de la Basilique Saint Augustin*, Inédit, déposé à la Basilique Saint Augustin d'Hippone en 2003 et à l'Evêché de Constantine chez Laurent Bercher, depuis 2016 en vue de publication, p. 23.

Tandis que son cubitus droit se trouve à la Basilique d'Hippone depuis la fin du mois d'octobre 1842 grâce à Mgr Dupuch[26].

Saint Augustin a consacré toute son énergie à la défense de la foi et de la morale chrétienne. Ses principes et ses conceptions de la vie religieuse sont suivis jusqu'à nos jours par nombre de chanoines, de moines et d'ermites. Plusieurs ordres religieux voient en lui leur fondateur.

De la spiritualité de saint Augustin qui est foncièrement christocentrique, il est à retenir quelques citations pour la mieux comprendre. Dans sa recherche, il a découvert que Dieu seul est refuge de Vérité et d'amour. « *Tu nous as faits pour toi, Seigneur, et notre cœur est sans repos, tant qu'il ne repose en Toi.* [27]»

Dieu est maître de vie intérieure et de prière. Donc, prier, c'est avoir notre cœur orienté vers Dieu. « *Ton désir, c'est ta prière ; si le désir est continuel, la prière est continuelle.* [28]»

St Augustin ne cesse pas de nous inviter à revenir à notre cœur, dans le silence, pour rencontrer Dieu. Il prône alors un retour à l'intériorité spirituelle pour rencontrer Dieu. Il dit dans

---

[26] Ibid., p. 19.

[27] Conf. L. I. 1.

[28] Ennarationes In Psalmos 37 ; CCL 38, 391-392. Cf. Saint Augustin, Commentaire du Psaume 37,13-14, dans Une année avec Saint Augustin. Les plus beaux textes à découvrir chaque jour et à méditer, Bayard, 2013, p. 63-64.

ses *Sermons* : « *Reviens à ton cœur, et de là à Dieu, car le chemin n'est pas long de ton cœur à Dieu*».

Fasciné par la Beauté spirituelle, saint Augustin invite sans relâche ses lecteurs à la contemplation et à la méditation. « *Comment deviendrons-nous beaux ? en aimant Celui qui est éternellement beau. Plus croît en toi l'amour plus croît la beauté ; car la charité est la beauté de l'âme.*» Pour lui, la charité est une valeur fondamentale. C'est elle qui construit la communauté : « *Aime et fais ce que tu veux.*[29] »

À Thagaste, pendant 3 ans, il vécut la vie monastique avec des frères, ce qui donnera naissance à la Règle de Saint Augustin : « *Avant tout, vivez unanimes à la maison, ayant une seule âme et un seul cœur orientés vers Dieu.*[30] » Cela signifie que, le socle de la Règle de Saint Augustin est : *Ceux qui possédaient quelque chose quand ils sont entrés au monastère doivent accepter volontiers que tout cela soit désormais commun. Ceux qui n'avaient rien n'ont pas à chercher dans le monastère ce qu'au dehors ils n'avaient pu posséder.*

À Hippone, il vivra près de 40 ans consacrant sa vie à la prière, au combat des schismes et les hérésies et surtout à l'écriture. Son œuvre est immense et variée, elle est immortalisée par des homélies, des notes rapides ou par des livres. Il adapta sa pensée aux sujets les plus divers, aux

---

[29] S. Augustin, *Commentaire de la première épître de Jean, traité VII, 8.*

[30] S. Augustin, Règle, I, 2.

interlocuteurs les plus dissemblables : rhéteurs raffinés, philosophes... *Les Confessions* de saint Augustin semblent s'adresser aux populations diverses. La sagesse de l'évêque d'Hippone se déployait sur l'ensemble des livres qui compose cet ouvrage principal donne une force au dialogue entre les croyants pour cesser les guerres sanglantes et les amener à dialoguer avec Dieu.

Pour comprendre Augustin sans trop tourner en rond, il est impératif de lire et de comprendre son œuvre principale *Les Confessions*. Dans cette œuvre, il a raconté avec lucidité les égarements de sa jeunesse et son attachement à l'hérésie des Manichéens dans une sagesse exemplaire où il implorait Dieu de laver ses péchés et de le guérir. Aux côtés des *Confessions*, il y a aussi la *Cité de Dieu*. Ces deux œuvres figurent parmi les grands classiques de la littérature universelle.

QUELQUES ŒUVRES DE SAINT AUGUSTIN

383 : Traité du beau et du convenable (perdu).
386 : Dialogues de Cassiciacum ; Soliloques.
387-388 : De l'immortalité de l'âme ; Des mœurs de l'Église catholique ; Des mœurs des manichéens ; Du libre arbitre.
391 : De la Genèse contre les manichéens ; De la musique ; Du maître ; De la vraie religion ; De l'utilité de croire.
393 : Sermons sur la foi et le symbole (prononcé durant le concile d'Hippone).
394 : Psaume contre le parti donatiste.
397 : De la doctrine chrétienne ; Les Confessions.
408 : Sur la catéchèse des débutants ; Sur la Trinité.
410 : Sur le travail des moines ; Sur le bien du mariage ; Sur la virginité.
411 : Sur l'esprit et la lettre ; Sur la foi et les œuvres.
413 : La Cité de Dieu (début).
416 : Sur les « Actes » de Pélage.
417 : De la nature et de la grâce.
426 : Contre les deux lettes des pélagiens ; Contre Julien.
427 : Les Révisions À ces livres.

En outre :

De nombreuses lettres.

- De nombreuses conférences.
- De nombreux sermons.
- Des Homélies sur l'Évangile de Jean.
- Un commentaire intégral des psaumes.

LES CONFESSIONS, LIVRE IV : L'AMITIÉ

Nous nous intéressons à saint Augustin, nous n'allons pas nous évader dans les temps lointains ; mais comme si c'était hier, deux siècles avant l'avènement de l'Islam, saint Augustin prescrivait l'amitié et la sagesse à son peuple. Il les considère comme un trésor sans pareil. Heureux celui qui a la chance d'avoir ces trois perles : la santé, l'ami et la sagesse. Heureux celui qui suit cette sagesse, faire de l'autre un ami.

« Deux choses sont nécessaires en ce monde : la santé et un ami. Choses dont nous devons faire grand prix, que nous ne devons pas mépriser. La santé et un ami, ce sont des biens naturels. Dieu a fait l'homme pour qu'il soit, et pour qu'il vive : c'est la santé ; mais pour qu'il ne soit pas seul, il a cherché l'amitié. L'amitié a commencé avec l'épouse et les enfants, et elle s'étend jusqu'aux étrangers. Mais si nous considérons que nous n'avons eu qu'un seul père et une seule mère, qui sera l'étranger ? Pour tout homme, tout homme est le prochain. Interroge la nature. C'est un inconnu ?... C'est un homme.- C'est un adversaire ?... C'est un homme.- C'est un ennemi ?... C'est un homme.- C'est un ami ?... Qu'il reste ton ami.- C'est ton ennemi ?... Qu'il devienne ton ami.

À ces deux choses qui sont nécessaires en ce monde, la santé et un ami, s'ajoute comme une étrangère, la sagesse. Elle trouve les hommes, sots, errants, s'attachant aux choses superflues, aimant les choses temporelles, ignorant les éternelles. (...) Qu'y a-t-il d'aussi proche que l'homme et l'homme ?... Ainsi, la sagesse a assumé l'homme et est devenue proche de l'homme par ce qu'il avait de plus proche... Ainsi nous voyons ces trois choses : la santé, l'ami, la sagesse.[31] »

Faisons alors de l'autre un ami plutôt qu'un adversaire. Considérons cette différence comme bénédiction de Dieu pour son peuple. Sans elle la vie n'aura peut-être pas de sens. Combattre la différence, c'est s'opposer illégalement à Dieu dans sa création. Accepter et respecter la différence, c'est se soumettre au vouloir du créateur ; servir Dieu et l'humanité.

Si je me suis fixé comme projet : la paix entre les peuples, sans tenir compte de leurs ethnies ou religions, y compris les athées et toute autre tendance, ancienne ou nouvelle, mais qui n'engendre pas de malheurs aux autres ; si je me suis appuyé sur l'amitié comme socle solide du dialogue loyal des croyants ; si je me suis refugié dans le livre IV des *Confessions*, ce n'était pas dans le but de développer une encyclopédie sur l'amitié. Aussi, cela ne veut pas dire que saint Augustin avait consacré un traité à l'amitié. L'amitié chez saint

[31] Serm. Denis, 16, 1 ; M. A. 75-77.

Augustin est d'abord sa propre expérience à Thagaste. La mort de son ami l'avait plongé dans des contemplations et des méditations exemplaires. La mort de son ami avait même renforcé en Augustin, l'amour de Dieu et le dialogue trilogique : dialogue avec soi-même ; dialogue avec le défunt et dialogue avec Dieu dans une intimité extraordinaire et une communion de prières. Cela signifie qu'on ne peut pas aimer Dieu si l'on n'aime pas son prochain comme soi-même et on ne peut pas aimer son prochain sans s'appuyer sur l'amour de Dieu. C'est dans cette dimension de mystique spirituelle que saint Augustin trouve la grandeur et la sacralisation de l'amitié.

Saint Augustin avait vécu entre sa jeunesse agitée et sa maturité, des joies et des douleurs extrêmes. En amitié, il était extrêmement fidèle et attachant, car il connaissait le prix de l'amitié qui l'avait laissé comme un orphelin après la mort de son copain d'enfance, devenu ami par-dessus toutes valeurs terrestres et célestes vers la fin de l'adolescence. *« (...) parler, rire ensemble, les complaisances mutuelles, la lecture commune de livres faciles, plaisanter ensemble, et ensemble redevenir sérieux, être quelquefois en désaccord mais sans agressivité, comme on l'est avec soi-même, et d'un rare désaccord lui-même accommoder l'accord habituel, apprendre aux autres ou apprendre des autres, déplorer les absents avec chagrin, accueillir les nouveaux avec joie, ces signes et d'autres qu'expriment les amants entre eux par le visage, la langue, les yeux, par mille gestes absolument désintéressés, combustible de la fusion des âmes qui de plusieurs n'en font qu'une (...) Voilà ce que nous aimons tant entre amis.*[32] »

On comprend bien que sur le plan identitaire chez Augustin, on s'identifiait par rapport aux autres. Le bonheur qui ne vient que de soi tire aussi sa source des autres. La mort de son ami, il l'avait sublimement transcrite dans le Livre IV en extériorisant dramatiquement la vraie douleur de l'intérieur vers l'extérieur. À travers *Les* Confessions, saint Augustin s'était adressé à lui, aux autres et à Dieu. Je vois en cette histoire racontée de telle façon, une sorte d'opération chirurgicale. Elle est certes très douloureuse, mais elle extrait le mal et guérit le malade. Telle est sa trilogie.

Le dure travail dans cette histoire, notons qu'Augustin à la mort de son ami, il était encore Manichéen était de concilier l'amitié avec un catholique que devint son ami. Alors que son ami, juste avant sa mort avait demandé le baptême. Pour Augustin, la conversion de son ami, était pour lui un double échec. Il ne lui restait qu'à se tourner vers le réconfort de l'amitié par d'autres moyens autres que la religion. Surtout qu'il avait perçu cette mort comme la mort d'une partie de lui-même. À ce moment-là, il a même pensé qu'il devenait un problème pour lui-même.

---

[32] Saint Augustin, *Les Aveux,* Nouvelle traduction des *Confessions* par Frédéric Boyer POL 2008 (Livre IV, 13, 14).

Il est tout à fait normal que saint Augustin aime quelqu'un plus que les autres. Chose que nous vivons tous quel que soit notre âge, notre rang et notre époque. Dieu même avait une préférence pour Abraham, Jésus,... La question se pose plutôt pour celui qui est sensé d'être aimé mais pas pour celui qui aime. C'est là où réside le travail de mérite d'être une référence pour nous par ce Livre IV. Aussi, à quelle période de la vie l'amour et l'amitié deviennent-ils une source terrible de douleurs ? Quand et comment l'amour de l'autre et l'amitié inclinent fortement à la méditation et à la crainte de Dieu ? Nous allons donner la parole à saint Augustin pour mieux nous éclairer sur ce que nous vivons sans comprendre les jalons et les trajectoires qui vont directement du cœur battant à Dieu passant par l'amitié qui nous aplanit le chemin. Mais avant, je pense que celui qui connait mieux la valeur de la santé est celui qui l'a perdu. Nous verrons dans le cas d'Augustin que la santé du cœur c'est l'amitié présente, sa valeur s'accentue à l'absence qui est la mort, la séparation éternelle. Mon Dieu, il n'y a d'éternel que la mort. Derrière chaque sommet de bien-être sommeille son contraire. Dieu l'a voulu ainsi. Il a créé pour le jour, la nuit ; pour la force, la faiblesse ; pour la beauté, la laideur,...

Que réserve pour nous le Livre IV des *Confessions* de saint Augustin ? De fil en aiguille le poids spirituel de l'amitié chez saint Augustin, sera réparti en trois tranches d'âges : l'adolescence, le point culminant de l'amitié (douleur) ; l'extinction de l'amitié par la mort (douleur) ; rétractation sur le passé comme paradis perdu, l'expression par l'écriture des *Confessions* à Hippone (douleur). Tout est douleur. Tout sera enfin marqué par cette mort subite qui, spirituellement, divise et en même temps, merveilleusement réunit Augustin à son ami perdu à jamais.

Son ami avait demandé le baptême peu de temps avant sa mort alors qu'Augustin était encore manichéen. Quel drame ! Mais, comme un choc médical en cardiologie, l'inattendue et choquante nouvelle sauve et soustrait Augustin à un passé précaire. Il était comme un prisonnier enclavé dans la chaudière de Carthage, il a fallu un évènement externe pour le délivrer. *Les Confession*s, suivant le centre d'intérêt de ma méditation à partir de l'amitié à l'Augustinienne, résument la sacralisation de l'amitié en trois parties complémentaires l'une de l'autre :

1. Tout commence par sa jeunesse agitée persillée d'erreurs. Comme je l'ai dit plus haut, la conscience n'est pas encore cultivée à cette tranche d'âge.

La douleur commence là par l'inapaisable qui ronge le cœur flamboyant du jeune Augustin de Thagaste. Cet inassouvissable appétit enchaine l'auteur à l'esclavage dans une inconscience oscillante. Elle le berce dans la joie éphémère mais qui dure dans le temps et fait défiler les années de la courte vie humaine sans s'apercevoir du nombre d'années consumées.

En même temps le contact social, sous l'effet culturel et religieux, fait doucement mûrir la conscience de l'être humain. Suivant le caractère et l'intelligence de l'individu, la tromperie, en question de temps, varie de l'individu à un autre. C'est ainsi que les oscillations générées par les plaisirs charnels de la chaudière de Carthage durent neuf années chez Augustin, mais grâce auxquelles il comprend et découvre vite le droit chemin dans lequel il finira sa vie à Hippone et écrit cette lettre intime à lui, à Dieu et à l'humanité toute entière pour tous les temps. Il y avouera ses péchés en guise d'abnégation de son cœur et d'ablution devant Dieu et comment s'était repenti et s'était remis complètement à Dieu. *« Pendant ces neuf années de mon âge, de dix-neuf à vingt-huit, je demeurai dans cet esclavage, séduit et séducteur, au gré de mes instincts déréglés ; je trompais en public par les sciences dites libérales ; en secret, par le mensonge d'une fausse religion : ici, jouet de l'orgueil, là, de la superstition, partout de la vanité. Épris du vide de la gloire populaire, j'en étais venu à jalouser les applaudissements du théâtre, les luttes de poésie, la poursuite des couronnes de foin, les bagatelles des spectacles, toutes les intempérances du libertinage.* [33]»

Comme fait exprès, ces neuf années sont très symboliques. Elles s'étalent entre la dix-neuvième année où le jeune était en pleine formation et mutation physique et le plein épanouissement du

[33] Conf. L. IV, Ch. 1.

cœur penchant vers la tendresse d'aimer et de chercher à être aimé. Il était aussi en quête de séduire et charmer. Mais souvent, il se faisait piéger dans la douceur de l'autre et courait sans cesse derrière le plaisir que procure l'amitié charnelle.

La fin de cette étape de la vie d'Augustin, suite à l'instruction, à la formation préparatoire au poste de professeur de rhétorique –l'art de bien parler–, lui donne la force à l'intelligence et fait naître en lui une nouvelle forme de séduction par le discours éloquent. Ce travail foncièrement intellectuel, mûrit aussi la conscience du jeune Augustin. À vingt-huit ans, il tire une ligne sur la précarité qui, jadis canalisait le court de sa vie. De ce fait, Augustin nous livre ce témoignage : *« J'enseignais alors la rhétorique, l'escrime de la faconde, maître vénal blessé par l'intérêt ; je préférais pourtant, vous le savez, Seigneur, avoir ce qu'on appelle de bons disciples, et en toute simplicité, je leur apprenais l'artifice, non pour s'élever jamais contre la vie de l'innocent, mais pour sauver parfois une tête coupable. Et vous, mon Dieu, vous m'avez vu de loin chanceler sur la voie glissante, vous avez distingué, dans une épaisse fumée, les étincelles de cette probité qui me dévouait à l'instruction de ces amateurs de vanité, de ces chercheurs de mensonge dont j'étais le compagnon.*

En ces mêmes années, j'avais une femme qui ne m'était pas unie par la sainteté du mariage, mais que l'imprudence d'un vague désir m'avait fait trouver. Seule femme toutefois que je connusse ; je lui gardais la foi ; mais je ne laissais pas de mesurer par ma propre expérience tout l'intervalle qui sépare les convenances d'une légitime union, dont la fin est de transmettre la vie, et cette liaison de voluptueuses amours, dont les fruits naissent contre nos vœux, quoique leur naissance force notre tendresse. [34]» L'amitié dans cette tranche d'âge a fini quand même par un mariage non officialisé par l'Église et les us et coutumes de la Numidie d'antan.

Dans notre optique, de nos jours, et comme il l'a reconnu lui-même, cette union est illégitime, nous l'appelons : concubinage. Mais si on remet l'histoire dans son temps existentiel, l'amour qu'Augustin portait pour sa femme, la discrétion (il n'a jamais cité son nom), le problème de couche sociale qui l'interdisait de se marier à une femme qui n'était pas de son rang, le pouvoir ferme de sainte Monique qui voulait d'une bru de son choix, le mariage d'Augustin est légitime et Adéodat, le fruit de l'amour et de l'amitié et de l'union des corps et âmes est aussi légitime.

2. À cette tranche d'âge de maturité, la conscience, déjà bâtie et cultivée analyse les faits et cherche réparation. Pour Augustin, l'expression de la douleur s'intensifie et s'exprime ardemment.

Augustin analyse sévèrement son passé récent. C'est singulier n'est-ce pas ! Il n'avait attendu personne pour le juger. Il reconnut ses péchés. Il alla

---

[34] Conf. L. IV, Ch. 2.

lui-même à bâtons rompus passer au crible son passé récent douloureux. Pour que sa conscience soit tranquille, il fait face à son destin, soigne ses blessures et communique au monde le meilleur de soi. Il se confesse et se rétracte devant Dieu et l'humanité.

À la douleur de l'amitié charnelle s'ajoutait son adhésion au manichéisme. Neuf années comme auditeur manichéen apparaissent maintenant à Augustin complètement comme adhésion au péché, au parti de Satan. Ses amis manichéens étaient devenus pour lui une autre source de l'erreur et du mal. Bourré de douleurs, Augustin, à vingt-neuf ans cherche une échappatoire qui plairait à Dieu. La douleur lui a été devenue le chemin et le raccourci vers Dieu auquel croyait sa mère et son maître spirituel saint Ambroise de Milan.

Enfin, il trouva, une issue, un subterfuge silencieux et un moyen pour réparer l'irréparable : le passé pour réconforter son présent et bâtir d'emblée son futur et celui des générations futures sur des assises solides, soumises à la volonté de Dieu. De là, il se remet à l'œuvre de la prière incantatoire et offre son cœur ulcéré à la méditation. Mais avant d'accomplir ses œuvres spirituelles, il demande à Dieu de le purifier de ses péchés en lui accordant et renforçant en lui l'esprit de foi. *« Et demandant d'autre part d'être purifié de ces souillures, j'apportais des aliments à ces saints, à ces élus de Manès, pour que l'alambic de leur estomac en exprimât à mon intention des anges et des dieux libérateurs. Telle était l'extravagance des opinions et des pratiques que je professais avec mes amis, par moi et comme moi séduits.* [35]*»*

Et voici l'œuvre spirituelle accomplie avec ses amis que l'amitié charnelle et l'amitié manichéenne avaient détournés du chemin de Dieu. Ce parcours spirituel lui avait été enseigné par sa mère et son maître saint Ambroise. La particularité de ce chemin de Dieu, c'est qu'il a été baigné dans les larmes de Monique qui priait sans cesse pour que son fils n'approche pas les femmes des autres et qu'il abandonne le manichéisme.

---

[35] Conf. L. IV, Ch. 1.

Comme un mets tant prisé, aux produits principaux marinés depuis plusieurs heures ou plusieurs jours ; mijoté pendant toute une journée dans une poterie scellée, sur le coin du fourneau ; hélas ! au moment du service, la terrine se casse. Tout est encore là, mais le bonheur aperçu et inhalé est déjà parti à jamais. Comme des stigmates, les souvenirs transmis au cerveau par les yeux et les narines resteront vivants. À la même hauteur de ce fameux mets, l'ami d'Augustin n'était pas un inconnu aux yeux mais au cœur. Il le connaissait depuis son enfance. Là encore, il faut retourner le pragmatisme à ses origines antiques, Augustin en est donc la source avant l'heure. Mais comme aucun intérêt ne les liait, ils demeuraient des copains durant plusieurs années. Il a fallu de longues années pour qu'Augustin puisse parler de cet homme Thagastois comme nous l'avons lu dans *Les Confessions*. Comme ce mets que j'ai choisi comme entrée magistrale à la mort de l'ami dont l'amitié était trop recherchée, trop attendu, une fois que cette amitié est atteinte, la mort comme un aveugle bat son aile sur l'ami et l'emporte. Il ne restait chez Augustin que de bons souvenirs bernés par le rideau sombre qui voila son cœur inconsolable et meurtri.

Il a fallu à Augustin une absence de quelques années, passées entre Carthage et l'Italie pour découvrir dès son retour à Thagaste une âme qui allait donner un sens à sa vie. Cette âme était enfouie depuis longtemps dans un ami d'enfance qui lui paraissait sans importance. Ils étaient déjà vers la fin de l'adolescence. Les études poursuivis par les deux Augustin et son ami, l'âge et d'autres intérêts les avaient marqués et leur ont révélé l'obligation de se lier l'un à l'autre par une remarquable et brillante amitié. Malheureusement tout allait connaître une fin en une année de compénétration des âmes.

Durant cette courte durée d'estime, Augustin avait même réussi à détourner son ami de la vraie foi et à le faire adhérer au manichéisme, une secte dont l'ami ignorait tout. *« En ces premières années de mon enseignement dans ma ville natale, je m'étais fait un ami, que la parité d'études et d'âge m'avait rendu bien cher ; il fleurissait comme moi sa fleur d'adolescence. Enfants, nous avions grandi ensemble ; nous avions été à l'école, nous avions joué ensemble. Mais il ne m'était pas alors aussi cher que depuis, quoique notre amitié n'ait jamais été vraie ; car l'amitié n'est pas vraie si vous ne la liez vous-même entre ceux qui s'attachent à vous « par la charité, que répand dans nos cœurs l'Esprit-Saint qui nous « est donné (Rom. V,5) » Et pourtant, elle m'était bien douce cette liaison entretenue au foyer des mêmes sentiments. Je l'avais détourné de la vraie foi, dont son enfance n'avait pas été profondément imbue, pour l'amener à ces fables de superstition et de mort qui coûtaient tant de larmes à ma mère. Il s'égarait d'esprit avec moi, cet homme dont mon âme ne pouvait plus se passer. Mais vous voilà ! ... toujours penché sur la trace de vos fugitifs, Dieu des vengeances et source des miséricordes, qui nous reconduisons à vous par des voies admirables... vous voilà ! et vous retirez cet homme de la vie ; à peine avions-nous fourni une année d'amitié, amitié qui m'était douce au-delà de tout ce que mes jours d'alors ont connu de douceur !*[36] »

De la relation horizontale, Augustin connut deux joies extrêmes. La première fut celle d'égarement lorsqu'il aimait et cherchait à être aimé sans mesure. Submergé par cette joie, il oubliait Dieu et la valeur de l'homme car il n'avait pas le temps de les sentir, les comprendre. Détaché de tout ce qui est durable, il se trouvait alors noyé dans la sur-offre des plaisirs charnels. Rassasié ou pas, l'essentiel c'est que le réveil s'est fait sur la verticale envers Dieu et Augustin comprendra par la suite la valeur de l'homme. Là, après avoir goûté à ces nouvelles dimensions, un drame en forme de tragédie grecque le bouleverse et change complètement sa vie.

La grandeur de cet ami surpasse la compétence d'Augustin en rhétorique pour le décrire et nous le présenter à sa juste valeur. Tous les mots lui paraissaient insuffisants ou injuste envers l'ami. C'est ainsi qu'il commence ce paragraphe par un étonnement et un questionnement : « *Quel homme pourrait énumérer, seul, les trésors de clémence dont, à lui seul, il a fait l'épreuve ? Que faites-vous alors, ô Dieu, et combien impénétrable est l'abîme*

[36] Conf. L. IV, Ch. 4.

de vos jugements ? Dévoré de fièvre, il gisait sans connaissance dans une sueur mortelle. On désespéra de lui, et il fut baptisé à son insu, sans que je m'en misse en peine, persuadé qu'un peu d'eau répandue sur son corps insensible ne saurait effacer de son âme les sentiments que je lui avais inspirés. Il en fut autrement ; il se trouva mieux, et en voie de salut. Et aussitôt que je pus lui parler (ce qui me fut possible aussitôt qu'il put parler lui-même, car je ne le quittais pas, tant nos deux existences étaient confondues), je voulus rire, pensant qu'il rirait avec moi de ce baptême qu'il avait reçu en absence d'esprit et de sentiment : il savait alors l'avoir reçu. Et il eut horreur de moi, comme d'un ennemi, et soudain, avec une admirable liberté, il me commanda, si je voulais demeurer son ami, de cesser ce langage. Surpris et troublé, je contins tous les mouvements de mon âme, attendant que sa convalescence me permît de l'entreprendre à mon gré. Mais il fut soustrait à ma folie, pour être réservé dans votre sein à ma consolation. Peu de jours après, en mon absence, la fièvre le reprend et il meurt.[37] *»*

La mort subite de l'être cher à Augustin avait rehaussé sa philosophie à faire de ce drame personnel un statut d'amitié digne de nom. De là, Augustin s'est adressé à un nombre infini de générations pour les avertir que : dans l'amitié il y a une présence constante de fraternité et de Dieu. Le

---

[37] Conf. L. IV, Ch. 4.

Livre IV des *Confessions* notamment le chapitre IV consacré à la mort de l'ami est une pure expérimentation de l'homme sage que fut Augustin, évêque à Hippone. Il ne s'était pas pressé à élaborer une conclusion de vie sur l'amitié. Il a fallu des années et des années, des mutations personnelles par paliers de conscience et de sagesse pour, d'abord arriver à se pencher envers un ami qu'il a connu depuis sa plus tendre enfance à Thagaste. Puis, à laisser cet ami dont il ne donne pas le nom à prendre racine dans son être et, enfin rédiger cette recommandation en guise de voie à suivre dans cette dimension mystique spirituelle. C'était le véritable fruit mûr qu'il nous a livré, une expérience de vie d'un philosophe-théologien presque unique de son espèce. Si on tient compte de l'âge où Augustin eut un ami, on comprend bien la difficulté de lier une relation d'amitié que la sagesse Kabyle ancestrale qualifie d'un seul corps, d'un seul cœur et d'une seule âme dans tout sauf le côté charnel : *d lahvev am ruh, ala ayen iharem Rebbi it ni farqen.* Littéralement cela signifie que : pour qualifier deux personnes d'amis, il faut qu'ils aient une seule âme mais qu'il soit séparés par le péché qui est le côté charnel. L'amitié se vit donc en constante contemplation entre deux êtres et les cœurs se regardent en face, telle est la théologie biblique dans laquelle a évolué l'amitié chez saint Augustin. Il lui a attribuée cette trilogie à l'image de la trinité : l'unité entre deux êtres, la fraternité et la divinité.

Nous connaissons tous la relation exemplaire qui avait lié Augustin à son ami Alypius de Thagaste. Mais, Augustin, n'a jamais accordé à sa relation amicale avec Alypius l'importance de celle d'une année achevée par la mort. Pourtant, c'était avec Alypius qu'il partageait le quotidien pendant de nombreuses années : le toit, le couvert, ses bouleversements spirituels à Milan (Cassiciacum), la vie spirituelle à Thagaste… La relation entre Augustin et Alypius avait pris une dimension de charité chrétienne.

La vie de saint Augustin est aussi riche en évènements contradictoires que les tragédies grecques. Joies et douleurs extrêmes se mêlaient, se succédaient et s'entre-cédaient le podium. Telles étaient les nombreuses pièces théâtrales grecques. Des douleurs causées par la mort, il en a eu tant. La mort de son père et de son fils sont presque passées sous silence dans *Les Confessions*. Cependant, même si, grâce aux *Confessions* nous avons connu la vie et l'œuvre de sainte Monique, il ne l'a pas pleurée comme il a pleuré son ami dont l'amitié n'avait duré qu'une année. C'est terrible. Il l'a même mystifié. En lisant le Livre IV, notamment le Chapitre IV consacré complètement à cette terrible douleur, nous comprenons tout simplement qu'Augustin demandait à Dieu la mort immédiate pour rejoindre son ami et mettre fin à sa souffrance, ce que Dieu ne lui a pas accordé. Il espérait cette mort, car la vie toute entière était : mort pour lui car *« La douleur de sa perte voila mon cœur de ténèbres. Tout ce que je voyais n'était plus que mort. Et la patrie m'était un supplice, et la maison paternelle une désolation singulière. Tous les témoignages de mon commerce avec lui, sans lui, étaient pour moi un cruel martyre. Mes yeux le demandaient partout, et il m'était refusé. Et tout m'était odieux, parce que tout était vide de lui, et que rien ne pouvait plus me dire : Il vient, le voici ! comme pendant sa vie, quand il était absent. J'étais devenu un problème à moi-même, et j'interrogeais mon âme, « pourquoi elle était triste et me troublait ainsi, » et elle n'imaginait rien à me répondre. Et si je lui disais : « Espère en Dieu (Ps. XLI, 6), » elle me désobéissait avec justice, parce qu'il était meilleur et plus vrai, cet homme, deuil de mon cœur, que ce fantôme en qui je voulais espérer. Le seul pleurer m'était doux, seul charme à qui mon âme avait donné la survivance de mon ami.*[38] »

3. Enfin, à cette troisième tranche d'âge, la conscience est bâtie, cultivée et ses fruits sont murs. Saint Augustin s'exprime en s'adressant à Dieu par ses indélébiles *Confessions* qui refusent de prendre des rides.

Sacré Augustin ! Dieu lui avait accordé une grâce d'être porteur et transmetteur de messages divins. Sacré professeur ! Son intelligence a fait de lui le premier parmi les hommes à être doué en méthodologie et à être cartésien avant Descartes. Il

[38] Conf. L. IV, Ch. 4.

se singularise aussi par le fait qu'il est le premier auteur autobiographe. Qui oserait à cette époque dévoiler son intimité infectée et demander guérison à Dieu. En donnant l'exemple, il éclaircit le message divin aux autres. De là, en matière de dialogue on comprend lucidement qu'il ne faut rien imposer à l'autre.

Augustin nous a transmis ici sa méthodologie : des motivations au choix du thème *Les Confession*s, un choix de grande nécessité vitale ; l'exposition de la problématique d'une façon rationnelle, la confirmation de ses hypothèses qu'il n'y a d'issue qu'en ouvrant son cœur à Dieu et finir par des promesses de se soumettre à la volonté de Dieu. *« Qu'ils me raillent, ces superbes, qui n'ont pas encore le bonheur d'être humiliés et écrasés par vous, mon Dieu : moi je confesse mes ignominies pour votre gloire ; permettez-moi, je vous en conjure, donnez-moi de promener aujourd'hui mes souvenirs par tous les détours de mes erreurs passées, et « de vous immoler « une victime de joie (Ps XVI, 6).» Car, sans vous, que suis-je à moi-même, qu'un guide malheureux penché sur les précipices ? Et que suis-je, dans la santé de l'âme, qu'un nourrisson allaité de votre lait, et qui se repaît de vous, incorruptible nourriture ? Et qu'est-ce que l'homme, quelque homme que ce soit, puisqu'il est homme ? Qu'ils nous raillent donc, les* *forts et les puissants ; mais confessons toujours à vous nos infirmités et notre indigence.*[39] »

Après avoir demandé à Dieu la mort immédiate, Augustin considérait comme injuste de continuer à vivre après son ami, ce que Dieu ne lui a pas accordé. Augustin, suite à cette grande affliction incurable, trouva refuge et repos dans les larmes douces charriant de l'amour éternel et les prières, ce qui a donné cette grandeur inestimable aux *Confessions*. La mort qu'il demandait à Dieu se transforma en méditations et prières comme un guide ou un manuel spirituel destiné aux croyants des générations postérieures. « *Et maintenant, Seigneur, tout cela est passé ; et le temps a soulagé ma blessure. Puis-je approcher de votre bouche l'oreille de mon cœur ? Ô vous, qui êtes la vérité, me direz-vous : Pourquoi les larmes sont douces aux malheureux ? — Mais peut-être, quoique présent partout, avez-vous rejeté loin de vous notre misère ? Et vous demeurez en vous-même, tandis que nous roulons dans l'instabilité. Et pourtant, si votre oreille ne s'inclinait à nos pleurs, que resterait-il de notre espérance ? D'où vient donc que l'on cueille à l'arbre amer de la vie ces fruits si doux de gémissements, de pleurs, de soupirs et de plaintes ? Qui leur donne cette saveur ? Est-ce l'espérance que vous nous entendez ? Cela est vrai de la prière, mue du désir d'arriver jusqu'à vous. Mais quoi de semblable dans une telle affliction, dans cette*

---

[39] Conf. L. IV, Ch. 1.

funèbre douleur où j'étais enseveli ? Je n'espérais pas le voir revivre, mes pleurs ne demandaient pas ce retour ; je gémissais pour gémir, je pleurais pour pleurer. Car j'étais malheureux, j'avais perdu la joie de mon âme. Serait-ce donc qu'affadi de regrets, dans l'horreur où le plonge une perte chère, le cœur se réveille au goût amer des larmes ?[40] »

Enfin, le Livre IV des *Confessions*, rédigé plus tard à Hippone, est un livre de sagesse et de spiritualité extraordinaires. Suite à l'extrême degré de douleurs violentes, Augustin sut transformer l'irrécupérable et ses vœux non exaucés en confessions à Dieu en lui promettant de ne plus s'attacher à l'éphémère, mais à Lui, l'Eternel. *« Eh ! pourquoi toutes ces paroles ? Ce n'est pas le temps de vous interroger, mais de se confesser à vous. J'étais malheureux, et malheureux le cœur enchaîné de l'amour des choses mortelles ! Leur perte le déchire, et il sent alors cette réalité de misère qui l'opprimait avant même qu'il les eût perdues.*

Voilà comme j'étais alors, et je pleurais amèrement, et je me reposais dans l'amertume. Ainsi j'étais malheureux, et cette malheureuse vie m'était encore plus chère que mon ami. Je l'eusse voulu changer, mais non la perdre plutôt que de l'avoir perdu, lui. Et je ne sais si j'eusse voulu me donner pour lui, comme on le dit, pure fiction peut-être, d'Oreste et de Pylade, jaloux de mourir l'un pour l'autre ou ensemble, parce que survivre était pour

---

[40] Conf. L. V.

eux pire que la mort. Mais je ne sais quel sentiment bien différent s'élevait en moi ; profond dégoût de vivre et crainte de mourir. Je crois que, plus je l'aimais, plus la mort qui me l'avait enlevé, m'apparaissait comme une ennemie cruelle, odieuse, terrible ; prête à dévorer tous les hommes, puisqu'elle venait de l'engloutir. Ainsi j'étais alors ; oui, je m'en souviens.

Ô mon Dieu ! voici mon cœur ; le voici ! voyez dedans tous mes souvenirs ; ô vous ! mon espérance, qui me purifiez des souillures de telles affections, élevant mes yeux jusqu'à vous, et débarrassant mes pieds de ces entraves (Ps. XXIV, 15). Je m'étonnais de voir vivre les autres mortels, parce qu'il était mort, celui que j'avais aimé comme s'il n'eût jamais dû mourir ; et je m'étonnais encore davantage, lui mort, de vivre, moi, qui étais un autre lui-même. II parle bien de son ami le poète que j'appelle : Moitié de mon âme (Horac. Od. liv. II, ch. VI). Oui, j'ai senti que son âme et la mienne n'avaient été qu'une âme en deux corps ; c'est pourquoi la vie m'était en horreur, je ne voulais plus vivre, réduit à la moitié de moi-même. Et peut-être ne craignais-je ainsi de mourir, que de peur d'ensevelir tout entier celui que j'avais tant aimé (Rétr. Liv. II, ch. VI).[41] »

S'attachant de tout son être à l'éphémère, Augustin se rendit compte à Hippone, qu'il était enfin, non seulement prisonnier des penchants de sa jeunesse à Thagaste et à Carthage mais qu'il était

---

[41] Conf. L. VI.

malade. Les séquelles de cette maladie s'étendaient dans la profondeur de son âme. Elles faisaient surface à chaque fois. Bien que, définitivement maitrisées à Hippone où il fut évêque, elles apparaissaient encore pour le faire souffrir autrement, d'une façon spirituelle. Augustin demande à Dieu, dans *Les Confessions* de le guérir davantage et de le prémunir de ce mal incurable qui avait ravagé tant d'hommes et de femmes de l'époque que sainte Monique, de son côté pleurait amèrement.

Quitter les lieux chargés de si grandes douleurs et souffrances était une sorte de meilleure échappatoire pour oublier le passé précaire et se donner à un nouvel amour celui du Céleste l'Eternel. *« Ô démence ! qui ne sait pas aimer les hommes selon l'homme. Homme insensé que j'étais alors, si impatient des afflictions humaines ! Oppressé, troublé, je soupirais, je pleurais, incapable de repos et de conseil ; je portais mon âme déchirée et sanglante, et qui ne voulait plus se laisser porter par moi, et je ne savais où la poser. Le charme des bois, les jeux et les chants, l'air embaumé, les banquets splendides, les voluptés du lit et de la table, la lecture, la poésie, rien ne pouvait la distraire. Tout m'était en horreur ; la lumière elle-même ; et tout ce qui n'était pas lui m'était odieux et nuisible, hormis les gémissements et les larmes, qui seuls donnaient quelque repos à ma douleur.*

Et dès qu'une distraction en éloignait mon âme, je pliais sous le fardeau de ma misère, que vous seul, Seigneur, pouviez soulever et guérir. Je le savais, mais je manquais de volonté et de force, d'autant plus que vous n'étiez à ma pensée rien de solide ni de certain. Ce n'était pas vous, mais un vain fantôme, mais mon erreur, qui était mon Dieu. Vainement je voulais y appuyer mon âme ; elle manquait dans ce vide et retombait sur moi, Et je me restais à moi-même mon unique lieu, lieu de malheur, où je ne pouvais rester, et dont je ne pouvais sortir. Où mon cœur se fût-il enfui de mon cœur ? où me serais-je précipité hors de moi-même ? où me serais-je dérobé à ma poursuite ? Et cependant j'abandonnai ma patrie ; carmes yeux le cherchaient moins où ils n'étaient pas accoutumés à le voir, et de Thagaste je vins à Carthage. (390)[42] »

En effet, saint Augustin trouva un remède à ses maux : **le temps et l'espace**. Après avoir quitté Thagaste pour Hippone, il se tourne vers les contemplations et méditations dans un mode de vie totalement nouveau, l'atrocité de ce passé douloureux diminue sensiblement. *« Le temps n'est pas oisif ; et nos sentiments portent la trace de son cours ; il fait dans notre âme de merveilleuses œuvres. Et il venait, il passait jour à jour, et son flot m'apportait d'autres images, d'autres souvenirs, et me rendait peu à peu le goût de mes premières joies ; ma douleur se repliait devant elles : et c'étaient, sinon de nouvelles douleurs, du moins des germes d'afflictions futures que je semais en moi. Car la*

---

[42] Conf. L. VII.

douleur eût-elle si facilement pénétré dans l'intimité de mon être, si je n'avais répandu mon âme sur le sable, en aimant un mortel comme s'il ne devait pas mourir ? Or, je trouvais distraction et soulagement dans les consolations de mes amis qui aimaient avec moi ce que j'aimais au lieu de vous. Longue fiction, long mensonge, voluptés adultères de l'esprit, stimulées par le commerce de la parole. Mais si l'un de mes amis venait à mourir, ce mensonge ne laissait pas de vivre.

Ces liaisons s'emparaient de mon âme par des charmes encore plus puissants ; échanges de doux propos, d'enjouement, de bienveillants témoignages ; agréables lectures, badinages honnêtes, affectueuses civilités ; rares dissentiments, sans aigreur, comme on en a avec soi-même ; léger assaisonnement de contradiction, sel qui relève l'unanimité trop constante ; instruction réciproque ; impatients regrets des amis absents, joyeux accueil à leur bienvenue.

Tous ces doux témoignages que les cœurs amis expriment de l'air, de la langue, des yeux, par mille mouvements pleins de caresses, sont comme autant de foyers où les esprits se fondent et se réduisent à l'unité.[43] »

De fil en aiguille l'amitié dans l'horizontale tant sacralisée passe définitivement à la verticale. De ce fait, elle mûrit en lui la charité et la grâce. Ceci lui a permis d'accéder au titre « honoris causa » le titre de

---

[43] Conf. L. VIII.

Docteur de la charité et de la grâce. Voilà alors pour mieux comprendre les sources de cet attribut à saint Augustin. C'est la douleur de l'amitié qui a attribué à saint Augustin cette grandeur de grande rareté d'être le Docteur de la charité et de la grâce. L'amour passe de l'éphémère à l'éternel ; l'amitié passe de l'horizontale à la verticale. *« Voilà ce que l'on aime dans les amis, ce qu'on aime de tel amour, que la conscience humaine se trouve coupable de ne pas rendre affection pour affection ; elle ne veut de la personne aimée que le témoignage d'une affection partagée. De là le deuil des morts chéris, les ténèbres de la douleur, les douces jouissances changées en amertume dans le cœur plein de larmes, et la perte de la vie en ceux qui meurent devenant la mort des vivants.*

Heureux qui vous aime, et son ami en vous, et son ennemi pour vous ! Celui-là seul ne perd aucun être cher, à qui tous sont chers en celui qui ne se perd jamais. Et quel est-il, sinon notre Dieu, Dieu qui a fait le ciel et la terre, qui les remplit, et en les remplissant les a faits ? Et personne ne vous perd que celui qui vous quitte. Et celui qui vous quitte, où va-t-il, où se réfugie-t-il, sinon de vous en vous, de votre amour dans votre colère ? Où pourra-t-il ne pas trouver votre loi dans sa peine ? car votre loi est la vérité, et la vérité, c'est vous. [44]*»*

Tout homme, pour s'épanouir, cherche la tranquillité. Saint Augustin connut pendant toute sa

[44] Conf. L. IX.

jeunesse des agissements et des perturbations qui l'ont privé de repos. Ce n'est qu'on opérant la rupture définitive avec l'amour de l'éphémère et les lieux marqués par ses stigmates que l'âme de saint Augustin se repose déjà de son vivant. *« Dieu des vertus, convertissez-nous, montrez-nous votre face, et nous serons sauvés (Ps. LXXIX, 4).» Hors de vous, où peut se tourner l'âme de l'homme, sans poser sur une douleur, quelle que soit la beauté des créatures, où, loin d'elle et de vous, elle cherche son repos ? Mais elles ne seraient rien, si elles n'étaient par vous, ces beautés qui se lèvent et se couchent. En se levant, elles commencent d'être, elles croissent pour atteindre leur perfection ; arrivées là, elles vieillissent et meurent ; car tout vieillit et tout meurt. Ainsi, aussitôt nées, elles tendent à être, et plus elles s'empressent de croître afin d'être, plus elles se hâtent de n'être plus. Telle est la condition de leur existence. Voilà la part que vous leur avez faite ; elles sont d'un ensemble de choses qui ne coexistent jamais toutes à la fois, mais qui par leur fuite et leur succession produisent ce tout dont elles sont partie. Et n'est-ce pas ainsi que notre discours s'accomplit par les signes et les sons ? Jamais il n'existera en totalité, si chaque parole ne passe, après avoir prononcé son rôle, pour qu'une autre lui succède.*

Que mon âme vous loue de telles œuvres, Dieu leur créateur, mais qu'elle n'y demeure point attachée par l'appât de cet amour qui captive les sens ; car elles vont toujours où elles allaient, pour ne plus être, et déchirent de désirs pernicieux l'âme avide d'être et de se reposer dans ce qu'elle aime. Mais l'âme peut-elle trouver son repos dans leur instabilité ? Elles fuient, et l'instant même de leur présence se dérobe au sens charnel. Lent est le sens de la chair, parce qu'il est le sens de la chair. Et la manière d'être de la chair. Il suffit à sa fin, mais il est impuissant pour saisir ce qui court d'un point désigné à un autre. Car votre Verbe créateur dit à l'être créé : Tu iras d'ici là.[45] *»*

Saint Augustin termine son *traité* sur l'amitié dans ses *Confessions* par une conclusion émanant de son esprit purifié après tant de tumultes. Il ne reviendra plus sur les pulsations primitives qui, jadis, le torturaient dans le corps et l'âme. Comme un juge, il condamne son passé flamboyant dans les ténèbres et se donne complètement à Dieu. Telles étaient aussi ses recommandations à nous lecteurs des générations postérieures lointaines. L'homme fait de cette matière que prendra la pourriture un jour une tromperie. Dieu seul est pour lui éternel et immuable. Dans ses condamnations extrêmes pour l'amour charnel Augustin considère ceux qui s'attachaient à ce genre d'amour comme malades et égarés. *« Ne sois pas vaine, ô mon âme ! prends garde de perdre l'ouïe du cœur dans le tumulte de tes vanités. Ecoute donc aussi : Le Verbe lui-même te crie de revenir ; là est le lieu du repos inaltérable, où l'amour n'est pas renoncé s'il ne renonce lui-*

---

[45] Conf. L. X.

même. Vois : ces objets passent, d'autres leur succèdent, et de ces éléments particuliers se forme l'universalité de l'ordre inférieur. Et moi, est-ce que je passe ? dit le Verbe de Dieu. Fixe ici ta demeure place ici tout ce que tu as reçu d'ici, ô mon âme!, car tu dois être lasse de mensonges. Remets à la vérité tout ce que tu tiens de la vérité, et tu ne perdras rien ; tes plaies seront fermées, tes langueurs guéries, tout ton être éphémère rétabli, renouvelé, lié à toi-même ; il ne te portera plus au lieu où il descend ; mais il subsistera avec toi, appuyé à la stabilité permanente de Dieu.

Pourquoi t'égarer à suivre ta chair ? Elle-même, que ne revient-elle à te suivre ? Que connais-tu par elle ? Quelques parties d'un tout que tu ignores, et tu te complais en si peu ! Mais si le sens charnel était capable de comprendre ce tout, et s'il n'eût reçu pour ton châtiment de justes bornes, tes désirs hâteraient le passage de tout ce qui existe dans le présent, afin de jouir de l'ensemble. C'est par ce sens charnel que tu entends la parole, et tu ne demandes pas l'immobilité des syllabes, mais leur rapide écoulement, et l'arrivée des dernières pour entendre le tout. Et toutes choses forment un certain ensemble, non par coexistence, mais par Succession, et le tout a plus de charmes que la partie, quand il se laisse voir aux sens. Mais combien est plus excellent Celui qui a fait cet ensemble de toutes choses ? Et celui-là, c'est notre Dieu. Et il ne passe pas, parce que rien ne lui succède.[46] »

Comme s'il voulait nous dire : ne vous attachez pas à tout ce que la mort prendra, attelez-vous à l'Eternel. Prions, louons Dieu et chantons ensemble l'amour de Dieu, il ajoute ceci :

« Si les corps te plaisent, prends-en sujet de louer Dieu ; (...) Si les âmes te plaisent, aime-les en Dieu. (...) sans lui elles s'évanouiraient dans le néant. Qu'elles soient donc aimées en lui. Entraîne avec toi vers lui toutes celles que tu peux, et dis-leur : Aimons-le, aimons-le. Il a tout fait, et il n'est pas loin de ses créatures. Il ne s'est pas retiré après les avoir faites, mais c'est en lui comme de lui qu'elles ont leur être. Voici où il est ; où réside le goût de la vérité, dans l'intimité du cœur ; mais le cœur s'est détourné de lui, « Revenez à votre cœur, hommes de péchés (Isaïe, XLVI, 8) » et rattachez-vous à Celui qui vous a faits. Demeurez avec lui, et vous serez debout. Reposez-vous en lui, et vous serez tranquilles.

Où allez-vous ? au milieu des précipices ? où allez-vous ? Le bien que vous aimez vient de lui. (...) Pourquoi marcher, marcher encore dans ces sentiers rudes et laborieux ? Le repos n'est pas où vous le cherchez. Cherchez votre recherche ; mais il n'est pas où vous cherchez. Vous cherchez la vie bienheureuse dans la région de la mort ; elle n'est

---

[46] Conf. L. XI.

pas là. Comment la vie bienheureuse serait-elle où la vie même n'est pas ?

(...)

C'est de lui que mon âme implore sa guérison, « parce qu'elle a péché contre lui (Ps XL, 5). Fils des hommes, jusques à quand porterez-vous un cœur appesanti (Ps. IV, 3) ? » La vie est descendue vers vous, et vous ne voulez pas monter vers elle et vivre ? Mais où monterez-vous, puisque vous êtes en haut, le front dans les cieux (Ps LXXII, 9) ? Descendez pour monter, pour monter jusqu'à Dieu : car vous êtes tombés en montant contre lui. Dis-leur cela, ô mon âme ! afin qu'ils pleurent dans cette vallée de larmes, dis, et emporte-les avec toi vers Dieu ; car tu parles par son Esprit, si ta parole est brûlante de charité. [47]*»*

Augustin enchaine ses déclamations cruelles sur son passé et montre cette fois-ci où se situe la vraie beauté : *« C'est ce que j'ignorais alors ; j'aimais les beautés inférieures ; et je descendais à l'abîme, et je disais à mes amis : Qu'aimons-nous qui ne soit beau ? Qu'est-ce donc que le beau ? et qu'est-ce que la beauté ? Quel est cet attrait qui nous attache aux objets de notre affection ? S'ils étaient sans charme et sans beauté, ils ne feraient aucune impression sur nous. Et je considérais que, dans les corps eux-mêmes, il faut distinguer ce qui en est comme le tout, et partant la beauté ; et ce qui plaît par un simple rapport de convenance, comme la proportion d'un*

[47] Conf. L. XII.

membre au corps, d'une chaussure au pied, etc. Cette source de pensées jaillit dans mon esprit du plus profond de mon cœur, et j'écrivis sur le beau et le convenable deux ou trois livres, je crois ; vous le savez, mon Dieu, car cela m'est échappé. Je n'ai plus ces livres, ils se sont égarés, je ne sais comment. [48]»

Seigneur, quelle grandeur pouvons-nous attribuer d'une façon juste à saint Augustin ? Un grand homme Savant comme lui en son temps n'existait presque pas et de nos jours ils se comptent sur les bouts des doigts. Dieu l'avait créée pour la réflexion, pour illuminer l'humanité. Il lui a donné comme grâce la plume. Je comprends maintenant pourquoi en Kabylie, nos grands-parents prient Dieu de donner la plume à celui qu'ils aiment : *fkiɣ-ak leqlam*. Là aussi, Augustin est la source de cette brillante prière et de ce vœu.

Augustin n'a jamais connu Hiérus, l'orateur de Rome. Il a appris sa grandeur par certains compatriotes à Hippone. En discutant, ils illustraient leurs dires par des citations d'*Hiérius*. Augustin les appréciait immédiatement et les apprenait. Il découvrit à un moment donné que cet homme de l'autre côté de la Méditerranée émettait des lumières. Augustin, pour exprimer sa reconnaissance aux hommes du savoir dédia son ouvrage *Les Confessions* à l'orateur de Rome Hiérius. Cette

[48] Conf. L. XIII.

dédicace est très signifiante. Augustin montre que nous pouvons aimer et proposer son amitié à un inconnu de l'autre bout du monde. Pour ce faire, il faut être frappé de raison, cette condition *sine qua non*. Nous comprendrons aussi qu'il n'y a que les grands qui reconnaissent la grandeur de l'autre. Il n'y a que ceux qui sont rassasiés d'amour, de bonté, de couronnes qui souhaitent la même chose aux autres. Voici alors la dédicace de saint Augustin à l'inconnu : *« Eh ! qui put me porter alors, Seigneur mon Dieu, à les dédier à Hiérius, orateur de Rome ? je ne le connaissais pas même de vue ; je l'aimais sur sa brillante réputation de savoir, et l'on m'avait rapporté de lui certaines paroles qui m'avaient plu. Mais en réalité, l'estime des autres et l'enthousiasme que leur inspirait un Syrien, initié d'abord aux lettres grecques, pour devenir plus tard un modèle d'éloquence latine et d'érudition philosophique, voilà ce qui décidait mon admiration. Eh quoi ! on entend louer un homme, et on l'aime aussitôt, quoiqu'absent ? Est-ce que l'amour passe de la bouche du panégyriste dans le cœur de l'auditeur ? non ; mais l'amour de l'un allume l'amour de l'autre. On aime l'objet de la louange lorsqu'on est assuré qu'elle part du cœur, et que l'affection la donne.*

C'est ainsi que j'aimais alors les hommes, d'après le jugement des hommes, et non d'après le vôtre qui ne trompe jamais, ô mon Dieu ! Et toutefois mes éloges n'avaient rien de commun avec ceux que l'on accorde à un habile conducteur, à un chasseur de l'amphithéâtre honoré des suffrages populaires ; mon estime était d'un autre ordre, elle était grave, elle louait comme j'eusse désiré d'être loué moi-même. Or, je n'étais nullement jaloux d'être aimé et loué comme les histrions, quoique je fusse le premier à les louer et à les aimer ; je préférais l'obscurité à telle renommée, la haine même à telles faveurs. Mais comment peut se maintenir dans une même âme l'équilibre de ces affections différentes et contraires ? Comment puis-je aimer en cet homme ce que je hais en moi, ce que je repousse si loin de moi, homme comme lui ? Tu ne voudrais pas être, cela te fût-il possible, ce bon cheval que tu aimes ; mais en peux-tu dire autant de l'histrion, ton semblable ? J'aime donc dans un homme ce que je haïrais d'être moi-même, tout homme que je suis ? Immense abîme que l'homme, dont les cheveux mêmes vous sont comptés, Seigneur, sans qu'un seul s'égare ; et il est encore plus aisé pourtant de les nombrer que les affections et les mouvements de son cœur !

Quant à ce rhéteur, le sentiment que j'avais pour lui était de nature à me faire envier d'être ce qu'il était ; et mes vaniteuses présomptions m'égaraient ; et je flottais à tout vent, et je ne laissais pas d'être secrètement gouverné par vous. Et d'où ai-je appris, et comment puis-je vous confesser avec certitude que j'empruntais plutôt mon amour pour cet homme à l'amour de ses partisans qu'aux raisons mêmes de leurs éloges ? Si, en effet, au lieu de le louer on l'eût blâmé, et que ces sujets de louanges eussent été des sujets de censure et de mépris, j'eusse été loin de m'enflammer à son égard. Et cependant l'homme et les choses restaient les mêmes ; l'opinion seule était différente. Voilà où tombe l'âme infirme, qui ne se tient pas encore à la base solide de la vérité. Au souffle capricieux de l'opinion, elle va, elle plie, elle tourne et revient ; et la lumière se voile pour elle ; elle ne distingue plus la vérité, la vérité qui est devant elle !

Et c'était un triomphe pour moi, que mon discours et mes études vinssent à la connaissance de cet homme. S'il m'approuvait, je redoublais d'ardeur ; sinon, j'étais blessé dans mon cœur plein de vanité et vide de cette constance qui n'est qu'en vous. Et cependant je me plaisais toujours à méditer sur le beau et le convenable, sujet du livre que je lui avais adressé, et mon admiration louait, sans écho, ce monument de ma pensée.[49] *»*

Les Livres XV et XVI sont des œuvres purement spirituelles de méditation :

« Mais je ne saisissais pas, dans les merveilles de votre art, le pivot de cette grande vérité, ô Tout-Puissant, « seul auteur de tant de merveilles (Ps LXXI, 18) » et mon esprit se promenait parmi les formes corporelles, distinguait le beau et le convenable, définissait l'un, ce qui est par soi-même ; l'autre, ce qui a un rapport de proportion avec un

[49] Conf. L. XIV.

objet ; principes que j'établissais sur des exemples sensibles. (...)

Il y a violence criminelle, quand l'esprit livre son activité à un mouvement pervers, quand il soulève les flots turbulents de sa fureur ; libertinage, quand l'âme ne gouverne plus l'inclination qui l'entraîne aux voluptés charnelles. Et de même cette rouille du préjugé et de l'erreur qui flétrit la vie, vient d'un dérèglement de la raison. Tel était alors l'état de la mienne. Car j'ignorais qu'elle dût être éclairée d'une autre lumière pour participer de la vérité, n'étant pas elle-même l'essence de la vérité. « C'est vous qui allumerez ma lampe, Seigneur mon Dieu ; c'est vous qui éclairerez mes ténèbres (Ps. XVII, 29) et tous, nous avons reçu de votre plénitude, parce que vous êtes la vraie lumière qui éclaire tout homme venant en ce monde (Jean I, 16,9), lumière sans vicissitudes et sans ombre (Jacq. I, 17). » (...)

J'avais vingt-six à vingt-sept ans, lorsque j'écrivis ces livres ; et je roulais dans ma fantaisie ces inanités d'images, bourdonnantes à l'oreille de mon cœur. Et je voulais pourtant, ô douce vérité, la rendre attentive à l'ouïe intérieure de vos mélodies, quand je méditais sur la beauté et la convenance, jaloux de me tenir devant vous, de vous entendre pour frémir d'allégresse comme à la voix de l'époux (Jean, III, 29) et je ne le pouvais, car la voix de l'erreur m'entraînait hors de moi, et le poids de mon orgueil me précipitait dans l'abîme. Vous ne donniez pas alors la joie et l'allégresse à mon entendement, et mes os ne tressaillaient pas, n'étant point encore humiliés (Ps. L, 10).[50] »

« Et de quoi me servait alors qu'à l'âgé de vingt ans environ, ayant eu entre les mains ce livre d'Aristote, qu'on appelle les dix catégories, je le compris seul à la simple lecture? Et cependant à ce nom de catégories, les joues du rhéteur de Carthage, mon maître, se gonflaient d'emphase, et plusieurs autres réputés habiles avaient également éveillé en moi comme une attente inquiète de quelque chose d'extraordinaire et de divin. J'en conférai depuis avec d'autres qui disaient n'avoir compris cet ouvrage qu'à grand-peine, à l'aide d'excellents maîtres, non-seulement par enseignement de vive voix, mais par des figures tracées sur le sable, et ils ne m'en purent rien apprendre que ma lecture solitaire ne m'eût fait connaître. (...).

Et que me servait encore d'avoir lu et compris seul tout ce que j'avais pu lire de livres sur les arts qu'on appelle libéraux, infâme esclave de mes passions ! Je me complaisais dans ces lectures, sans reconnaître d'où venait tout ce qu'il y avait de vrai et de certain. Je tournais le dos à la lumière, la face aux objets éclairés, et mes yeux qui les voyaient lumineux, ne recevaient pas eux-mêmes le rayon. Tout ce que j'ai compris, sans peine et sans maître, de l'art de parler et de raisonner, de la géométrie, de la musique et des nombres, vous le savez,

---

[50] Conf. L. XV.

Seigneur mon Dieu; la promptitude de l'intelligence et la vivacité du raisonnement sont des dons de votre libéralité; mais au lieu de vous en faire un sacrifice, je ne m'en suis servi que pour ma perte. J'ai revendiqué la meilleure part de mon héritage, je n'ai pas conservé ma force pour vous (Ps. LVIII, 10) et « loin de vous dans une terre étrangère » je l'ai prodiguée aux caprices des passions, ces folles courtisanes (Luc, XV, 12, 13, 30). Pour si mauvais usage que me servait un tel bien ? Car je ne m'apercevais des difficultés que ces sciences offraient aux esprits les plus vifs et les plus studieux, qu'en cherchant à leur en donner les solutions ; et le plus intelligent, c'était le moins lent à me suivre dans mes explications.

Et que m'en revenait-il encore, puisque je vous considérais, Seigneur mon Dieu, vérité suprême, comme un corps lumineux et immense, et moi comme un fragment de ce corps ? Ô excès de perversité ! voilà donc où j'en étais ! Et je ne rougis pas, mon Dieu, de confesser vos miséricordes sur moi, et de vous invoquer, moi qui ne rougissais pas alors de professer publiquement mes blasphèmes et d'aboyer contre vous. Et que me servait ce génie qui dévorait la science ? que me servait d'avoir, sans nulle assistance de maîtres, dénoué les plus inextricables ouvrages, quand une honteuse et sacrilège ignorance m'entraînait si loin des doctrines de la piété ? Et quel obstacle était-ce pour vos petits que la lenteur de leur esprit, si, demeurant toujours près de vous, ils attendaient en sûreté au nid de votre

Église la venue de leurs plumes, ces ailes de la charité que fait croître l'aliment d'une foi sainte ?

Ô Seigneur, ô mon Dieu ! « espérons en l'abri de vos ailes (Ps. LXII, 8) » protégez-nous, portez-nous. Vous nous porterez tout petits, « et vous nous porterez jusqu'aux cheveux blancs (Is. XLVI, 4) » car notre force n'est force qu'avec vous ; elle n'est que faiblesse quand nous ne sommes qu'avec nous-mêmes. Tout notre bien vit en vous, et-notre rupture avec vous a fait notre corruption. Retournons à vous, Seigneur, pour n'être plus mortellement détournés. C'est en vous que vit notre bien, bien parfait, qui est vous-même. Craindrons-nous de ne plus retrouver au retour la demeure dont nous nous sommes précipités ? S'est-elle écroulée en notre absence cette demeure, qui est votre éternité ? (396)[51] *»*

En matière de dialogue des croyants pour lequel je ne cesse de tout lier, de ma pensée à de nombreuses préoccupations en diverses productions : réflexion, littérature, poésie, chants, discussion et partages divers, me voici prêt à découvrir des essences tirés de saint Augustin. Je n'ai pas traité de profondeur l'amitié à l'Augustinienne, mais, j'ai tiré l'essentiel de la thématique. Après l'**amour** sous toutes ses formes et directions –horizontale et verticale–, l'**amitié** dans sa grandeur spirituelle, nous abordons la **croyance**

[51] Conf. L. XVI.

dans la vision de saint Augustin, un fervent catholique qui a dialogué avec l'altérité. Augustin le religieux disait : crois pour comprendre et l'autre de son côté s'attachait foncièrement à sa conviction et répondait à Augustin : comprends pour croire. Voici un dialogue pacifique merveilleux à méditer après seize siècles :

« CROIS POUR COMPRENDRE ; COMPRENDS POUR CROIRE »

Augustin est un religieux imprégné de la pensée christocentrique. Le Christ et la bible sont son unique abreuvoir. Tout vient du Christ et tout se fait pour le Christ, voilà en résumé l'essentiel de ce que représentent la théologie et la philosophie de saint Augustin.

Connaissant bien les manichéens qu'il a suivi comme auditeur libre pendant neuf ans, il s'adresse à celui qui se pense croyant ou en recherche de la vérité. Plus tard, il répond à l'enseignement des manichéens qui préconisaient la dispense de croire sans comprendre. C'est ainsi que sa réponse considère l'adhésion préalable à l'autorité de la parole de Dieu comme le passage obligé pour parvenir à la compréhension de Dieu et de l'homme.

Dans le contexte contemporain, la démarche d'Augustin de croire pour comprendre semble être difficile ; les gens hésitent déjà à croire, surtout envers la religion non héritée des parents ou de la société. De ce fait, croire est un acte surtout collectif. Tandis que comprendre est un acte purement individuel qui impose la réflexion et la recherche.

« Crois d'abord pour comprendre. »

Et maintenant, ravivez votre attention*. Tout homme veut comprendre ; personne qui n'ait ce désir. Mais tous nous ne voulons pas croire. On me dit : « Je veux comprendre pour croire. » Je réponds : « Crois pour comprendre. » ; voici donc une discussion qui s'élève entre nous et qui va porter tout entière sur ce point : « Je veux comprendre avant de croire », me dit l'adversaire ; et moi je lui dis : « Crois d'abord et tu comprendras. » Pour trancher le débat, choisissons un juge. Parmi tous les hommes à qui je puis songer, je ne trouve pas de meilleur juge que l'homme que Dieu lui-même a choisi pour interprète. En pareille matière et dans un débat de ce genre, l'autorité des littérateurs n'a rien à faire ; ce n'est pas au poète de juger entre nous, c'est au prophète […].*

Tu disais : « J'ai besoin de comprendre pour croire »*; et moi : « Crois d'abord pour comprendre. » La discussion est engagée ; allons au juge ; que le prophète prononce ou plutôt que Dieu prononce par son prophète. Gardons tous deux le silence. Il a entendu nos opinions contradictoires ; « Je veux comprendre, dis-tu, pour croire » ; « Crois, ai-je dit, pour comprendre », et le prophète répond : « Si vous* *ne croyez pas, vous ne comprendrez pas. » (Is 7, 9) […]*

Par conséquent, mes très chers frères, *cet homme que j'ai pris comme adversaire et avec lequel j'ai engagé une discussion qui a été portée au tribunal du prophète, n'a pas tout à fait tort de vouloir comprendre avant de croire. Moi qui vous parle, en ce moment, si je parle, c'est pour amener aussi à la foi ceux qui ne croient pas encore. Donc, en un sens, cet homme a dit vrai quand il a dit : « Je veux comprendre pour croire » ; et moi également je suis dans le vrai quand j'affirme avec le prophète : « Crois d'abord pour comprendre. » Nous disons vrai tous les deux : donnons-nous donc la main ; comprends donc pour croire et crois pour comprendre ; voici en peu de mots comment nous pouvons accepter l'une et l'autre ces deux maximes : comprends ma parole pour arriver à croire, et crois à la parole de Dieu pour arriver à la comprendre*[52].

Pour conclure sur la philosophie de saint Augustin en matière de croyance en affirmant : « *crois pour comprendre ; comprends pour croire.* », je livre ici mon point de vue, si humble soit- il, de l'avoir comprise après tant d'années d'investigations. Cette pensée de saint Augustin a

[52] Sermon 43 in *Les plus beaux sermons de saint Augustin*, réunis et traduits par Georges Humeau, t. I, p. 181-189. EA, 1986. C'est moi qui ai souligné cette merveilleuse conclusion.

commencé à me poursuivre depuis 1995. Je l'avais analysée avec plusieurs prêtres et moines de l'ordre de saint Augustin. Je ne m'en suis jamais vraiment senti pleinement satisfait. Si bien que je persistais dans mon interrogation. Finalement, par ma ténacité à réfléchir, pour aboutir à « comprends pour croire », je pense que saint Augustin avait raison de dire *« crois pour comprendre ; comprends pour croire»*.

Tous les chemins mènent à Rome. Si vous commencez par croire, vous finirez par comprendre ce que vous croyez.

Si vous commencez par chercher à comprendre, vous arriverez a une conclusion qui sera votre croyance ; et c'est cela comprendre pour croire.

CONCLUSION

Augustin écrit les *Confessions* à Hippone vers 397-400. Il a fallu des années de travail spirituel pour mûrir son intérieur, analyser l'histoire de sa vie et rédiger cette œuvre spirituelle dans un langage biblique en réorientant complètement l'esprit vers Dieu. Il dédie cette œuvre qui lui fut très chère à la couche intellectuelle de l'époque.

Les *Confessions* est d'abord une œuvre de réflexion sur lui-même qui a abouti à une auto-thérapie, puis, une œuvre imprégnée du néoplatonisme consacrée à Dieu. Dieu d'Augustin est alors Dieu des philosophes, qui permet en théodicée, une compréhension intelligente qui conduit à la foi profonde : Dieu d'Abraham et des prophètes : Isaac et Jacob. À Dieu, Augustin demande guérison plus qu'il demandait le pardon.

Pour Augustin, le croyant doit d'abord chercher dans son intimité à se trouver avant de chercher à trouver Dieu. Chez Augustin, la prise de conscience de ses erreurs passées, est à l'origine de sa réflexion philosophique et de sa démarche purement personnelle lui ayant permis de creuser en soi pour trouver l'amour divin et guérir. L'amour du prochain dans cette dimension ne peut être concrétisé que par aimer l'amour. En aimant l'amour, on aime soi-même et son prochain dans l'amour de Dieu. Telle est la théologie de l'amour chez Augustin qui émane de la source du drame de l'ami perdu.

L'ami de saint Augustin meurt juste après la phase de consentement et d'alliance des deux âmes pour l'amour d'amitié. Depuis ce drame, tout au long de sa vie, Augustin cultivera l'amitié en mesurant sa fragilité. Il écrira : « *En toutes choses humaines, rien n'est amical pour l'homme, sans un homme qui soit son ami. Mais combien rarement s'en trouve-t-il un sur l'esprit et les mœurs duquel on puisse compter avec une entière sécurité ?*[53] »

Au moment où je viens de conclure mon texte sur la méditation à l'Augustinienne en m'appuyant sur la suite de la mort de l'ami de saint Augustin, une question vient de s'imposer à mon esprit : cette expression, *« une âme à deux corps »,* est-elle d'Augustin ou a-t-elle son origine dans le terroir numide ? Cependant, quel que soit la réponse à cette question, la source est la même : numide. En kabyle et depuis des temps immémoriaux, nous disons : *ils sont amis avec une seule âme (D lehvev am rruh).* Ce qui signifie : une âme pour deux corps, telle est la définition kabyle pour l'amitié. Je préfère dire tout simplement l'amitié, car je n'admets pas l'existence d'une vraie et d'une fausse amitié. Saint Augustin, lui aussi est parti de ce sens amazigh de deux corps pour une seule âme. Voici aussi une maxime de chez nous qui dit : lorsque mon ami se noie, de deux choses l'une : «*je le sauve si je peux ou je l'accompagne dans le naufrage* ». De ma propre

[53] Lettre 130 à Proba.

conviction, j'ajoute ceci : celui qui frappe son ami est comme celui qui démolirait un sanctuaire. Oui, je sacralise l'amitié.

Après la mort de son ami, il se sentait incapable de continuer à vivre, puisqu'il n'avait que la moitié de l'âme. Cette mort inattendue avait fait d'Augustin « un problème à lui-même ». Avant sa conversion au christianisme, Augustin cherchait vainement à comprendre pourquoi la tristesse envahissait la moitié de l'âme qui lui restait.

Au fait, le cours de la vie de saint Augustin est un ensemble de douleurs. Ce qui frappe dans cette histoire, c'est que, saint Augustin, n'a jamais été perdant. Quand il ne gagne rien dans son libertinage, il apprend et transforme son défaut et sa douleur en qualité. C'est ainsi qu'il passe de l'amoureux du mortel à l'adorateur de Dieu ; du souvenir lointain de son enfance au récit du mystère de la création. De ces deux amours, *Les Confessions* ont tirés l'essence d'une spiritualité remarquable qui incline à la méditation. Cette œuvre sublime et majeure, écrite harmonieusement dans plusieurs styles : littéraire, philosophique, théologique, d'exégèse,...est une expression magistrale du syncrétisme intellectuel fort intelligent entre la théologie catholique et la pensée néo-platonicienne. *Les Confessions* sont aussi un livre d'histoire qui nous permet d'avoir une idée sur le fonctionnement de l'école et de la société de son époque, au IVe siècle. De ce fait, *Les Confessions* de saint Augustin sont aussi une sorte de psychanalyse et d'analyse du cœur humain : le foyer du mal et du bien ; la demeure de Dieu, puisqu'Augustin ne cesse de nous conseiller de retourner à nous-mêmes pour retrouver Dieu au fond de nos cœurs.

Enfin, lire Les Confessions de saint Augustin, en particulier le Livre IV consacré à l'amitié, c'est s'accompagner dans la recherche intime pour comprendre soi-même, comprendre l'autre et comprendre Dieu. Ces compréhensions aident et conduisent davantage à croire en l'amour de soi, de l'autre et de Dieu. C'est cette compréhension et cette croyance qui concrétisent la paix intérieure et extérieure.

Petite méditation

Seigneur, tu nous connais plus que nous nous connaissons.

Seigneur accorde-nous l'esprit de foi.

De ton amour, nous le rehaussons.

Seigneur, guéris nos cœurs ulcérés par l'orgueil et l'amour excessif de soi.

Envahis par l'ignorance que nous refusons.

Seigneur, conduits nous à œuvrer pour la paix pour tous.

Faisons à l'autre le bien que nous voulons pour nous-mêmes.

Seigneur, nous faisons du mal que nous ne voulons pas.

Nous souffrons dans la solitude qui nous mis face à nos erreurs.

Seigneur, nous te louons, nous te glorifions, chacun à sa manière.

Seigneur, tu comprends toutes les vibrations et les battements de nos pauvres cœurs.

Seigneur, tu comprends toutes les langues.

O mon cœur, tu sonnes le vide.

Mais, qui t'as dit que tu es éternel ?

Abandonne les chemins sans issues !

Détache-toi des matières mortelles qui t'ont trop aveuglé.

Loue et glorifie le Seigneur avant qu'il ne soit trop tard.

Sache que la tombe est notre seul éternel refuge.

N'oublies pas que le linceul n'a pas de poches.

Mieux vaut être une victime que de faire des victimes.

Fin

Achevé de rédaction à Tizi-Ouzou, le 19 août 2018.
Texte présenté à la Basilique Saint Augustin
d'Hippone le 28 août 2018.

TABLE DES MATIÈRES

Préface 6
Introduction 8
Le dialogue des croyants dans les Écritures 15
La bible 18
La paix 18
L'amitié : 21
Le dialogue des croyants chez saint Augustin 28
Quelques repères biographiques de la vie de saint Augustin 30
Introduction à la vie et l'œuvre de saint Augustin . 32
Quelques œuvres de saint Augustin 40
Les Confessions, Livre IV : l'amitié 41
La mort de l'ami d'Augustin 53
Conclusion 85

Printed by Books on Demand GmbH, Norderstedt / Germany